Como encontrar a medida certa

EDIÇÃO **REFORMULADA**

Como encontrar a medida certa
© Carlos Marcondes, 1989

Gerente editorial	Fernando Paixão
Editora	Claudia Morales
Editora assistente	Shirley Gomes
Minialmanaque	Ernesto Rosa
Preparadora	Maria Sylvia Corrêa
Coordenadora de revisão	Ivany Picasso Batista
Revisoras	Carla Mello Moreira
	Luciene Ruzzi Brocchi
Arte	
Projeto gráfico e editoração eletrônica	Homem de Melo & Troia Design
	Eduardo Rodrigues
Editora	Suzana Laub
Editor assistente	Antonio Paulos
Bonecos em massinha	Patrícia Lima
Ilustrações do Minialmanaque	Marcelo Pacheco
Fotos dos bonecos	Thales Trigo

Agradecemos a Luiz Galdino e Nilson Joaquim da Silva pelas sugestões e apoio editorial.

CIP-BRASIL. CATALOGAÇÃO NA FONTE
SINDICATO NACIONAL DOS EDITORES DE LIVROS, RJ

C614c

Coelho, Benedito Carlos Marcondes, 1934-
 Como encontrar a medida certa / Carlos Marcondes ;
ilustrações Cris e Jean. - 13.ed. - São Paulo : Ática, 2001.
 104p. : il. - (A descoberta da matemática)

 Inclui apêndice: Minialmanaque
 Contém suplemento de atividades
 ISBN 978-85-08-08138-7

 1. Matemática - Literatura infantojuvenil. I. Cris
(Ilustrador). II. Jean (Ilustrador) III. Título. IV. Série.

11-1752   CDD: 028.5
                                         CDD: 087.5

ISBN 978 85 08 08138-7 (aluno)
ISBN 978 85 08 08139-4 (professor)

2024
13ª edição
17ª impressão
Impressão e acabamento: Log&Print Gráfica, Dados Variáveis e Logística S.A.

Todos os direitos reservados pela Editora Ática
Av. Otaviano Alves de Lima, 4400 – CEP 02909-900 – São Paulo, SP
Atendimento ao cliente: 4003-3061 – atendimento@atica.com.br
www.atica.com.br

IMPORTANTE: Ao comprar um livro, você remunera e reconhece o trabalho do autor e o de muitos outros profissionais envolvidos na produção editorial e na comercialização das obras: editores, revisores, diagramadores, ilustradores, gráficos, divulgadores, distribuidores, livreiros, entre outros. Ajude-nos a combater a cópia ilegal! Ela gera desemprego, prejudica a difusão da cultura e encarece os livros que você compra.

Como encontrar a medida certa

Carlos Marcondes

Professor de Matemática da
Universidade Mackenzie

Ilustrações
Cris e Jean

editora ática

A Descoberta da Matemática

As mil e uma equações
Ernesto Rosa
equações de 2º grau

Aventura decimal
Luzia Faraco Ramos
números decimais

Como encontrar a medida certa
Carlos Marcondes
perímetros, áreas e volumes

Em busca das coordenadas
Ernesto Rosa
gráficos

Encontros de primeiro grau
Luzia Faraco Ramos
equações de 1º grau

Frações sem mistérios
Luzia Faraco Ramos
frações: conceitos fundamentais
e operações

Geometria na Amazônia
Ernesto Rosa
construções geométricas

História de sinais
Luzia Faraco Ramos
conjunto dos números inteiros

Medir é comparar
Cláudio Xavier da Silva e
Fernando M. Louzada
construção de um sistema de medidas

O código polinômio
Luzia Faraco Ramos
polinômios

O que fazer primeiro?
Luzia Faraco Ramos
expressões numéricas

O segredo dos números
Luzia Faraco Ramos
sistemas de contagem
(em diversas bases/decimal)
e potenciação

Saída pelo triângulo
Ernesto Rosa
semelhança de triângulos

Uma proporção ecológica
Luzia Faraco Ramos
razão, regra de três e porcentagem

Uma raiz diferente
Luzia Faraco Ramos
raiz quadrada e raiz cúbica

Olá! Nós somos os mascotes da série **A Descoberta da Matemática**. Prepare-se para participar de uma olimpíada

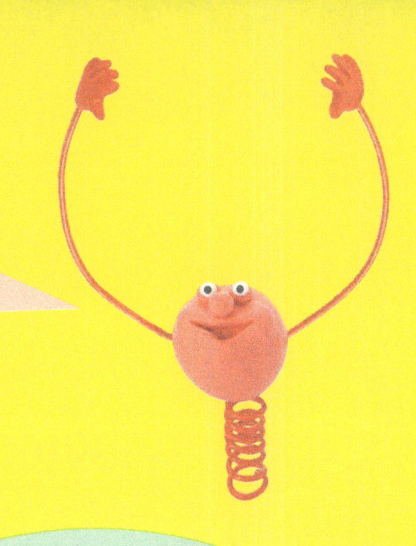

Com atletas de várias cidades do Brasil reunidos na Bahia, você vai acompanhar provas esportivas e uma verdadeira maratona matemática.

E divirta-se com o **Minialmanaque** no final do livro! Ele traz para você novos conhecimentos sobre perímetros, áreas e volumes, além de muitas curiosidades e desafios!

Boa leitura!

Sumário

1	Beto bom de bola	9
2	Um ás do basquete	14
3	A caminho da Bahia	19
4	A abertura oficial da OEN	23
5	Uma nova rotina	28
6	A teoria na prática	32
7	Somando pontos e conhecimentos	38
8	História de pescador	43

Fernanda

Beto

Marcelo

9	Uma jogada de mestre	48
10	Onde mora o conhecimento	54
11	Uma lição inesquecível	60
12	Provas e mais provas	67
13	O segredo dos canteiros	74
14	E os volumes como ficam?	81
15	A despedida	90
	Minialmanaque	95

Mário

1
Beto bom de bola

— Mãe! Mãe!

A mãe estava na cozinha, dando os últimos retoques nos filés de pescada, no purê de cenoura e no arroz, que prometiam um almoço leve. Ao ouvir os gritos do filho, perguntou à empregada:

— Edenir, você trancou a porta?

— Não, dona Cida. Como o Beto já ia chegar, deixei aberta.

— Então, por que ele não entra, em vez de ficar gritando, lá na varanda?

A empregada, que devia ter cerca de 50 anos e trabalhava há muito tempo naquela casa, deu de ombros, como se não soubesse o que responder. Mas, em seguida, deixou a arrumação dos talheres na mesa, para ver o que acontecia.

— Deixa que eu vou ver, dona Cida.

Ao contrário do que imaginavam, porém, Beto já não estava na varanda. Chamou pela mãe ao abrir a porta e entrou em casa correndo. Edenir o surpreendeu no exato instante em que ele atirava a mochila com o material escolar para dentro do quarto.

— Ah, é assim que você trata o material da escola, é?

— Deixe de ser linguaruda, Edenir... Acabei de guardar o material.

— Se a sua mãe souber...

— Qual é o problema, hein?! O que você tá querendo comigo? Já não chega a minha mãe...

— Pois foi ela que mandou ver o que você queria. Chegou da rua gritando...

Então, Beto pareceu se lembrar de algo e perguntou:

— Cadê ela?

— Está na cozinha. O que você...

Antes que Edenir terminasse de falar, Beto saiu do quarto, gritando de novo:

— Mãe! Mãe!

Quando apontou na porta da cozinha, a mãe respondeu:

— Estou aqui, meu filho. O que você quer?

— Cadê o pai?

— O pai? — estranhou a mãe. — Já devia ter chegado. Por quê?

— Por nada.

A mulher interrompeu por um instante a movimentação entre o fogão e a mesa da copa. E, colocando as mãos na cintura, falou:

— Beto, eu não estou entendendo nada. Se queria falar com o seu pai, por que então me chamou?

— É que tenho uma coisa pra contar... uma novidade... Mas queria que estivessem todos juntos.

— Estou começando a entender — falou a Edenir, balançando a cabeça.

Permaneciam ainda no impasse, quando surgiu o pai, mostrando a cabeça no vão da porta.

— Olá, posso saber do que vocês estão falando com tanta animação? Lá, da porta da rua, pensei até que estivessem discutindo.

— Pronto, seu pai chegou... Pode falar — interveio a empregada.

Beto olhou atravessado para ela, como se não tivesse gostado do comentário, e falou:

— Tudo bem! Posso contar agora a minha novidade?

Os adultos se entreolharam em silêncio. Por fim, o pai abriu os braços, como a incentivá-lo, e disse:

— Fale, seu Carlos Alberto... Que novidade é essa?

— Pai, passe pra cá...

O pai atendeu, passando da porta para o lado de dentro da cozinha, de maneira que ficaram os três adultos juntos, um ao lado do outro. Então o garoto encheu o peito e revelou:

— Pai, mãe, Edenir... Eu fui convocado!

— Convocado?

— Deve ser engano, dona Cida. Ele não tem idade.

— Não tem idade para quê, Edenir?

— Ele não disse que foi convocado para o serviço militar? Marido e mulher caíram na risada.

— Não, Edenir. Ele não tem idade para o serviço militar — corrigiu a mãe.

— Se não foi pro serviço militar, foi convocado pra quê, então?

— Boa pergunta, Edenir — concordou o homem. E, virando-se para o filho, insistiu: — Conte logo, Beto... Você foi convocado para quê? Não entendemos nada!

— E como é que podiam entender, se não me deixam falar? — devolveu o garoto.

O silêncio durou apenas alguns segundos. O pai recobrou o espírito e sugeriu:

— Olha aí, pessoal... Vaca amarela!... Só o Beto pode falar.

— Puxa vida, como é difícil contar uma novidade nesta casa...

A empregada ameaçou dizer algo, a mãe do Beto colocou o dedo indicador sobre os lábios, pedindo silêncio. E, somente depois de se certificar do silêncio de todos, o garoto revelou:

— Fui convocado pra OEN!

— OEN?! — as duas mulheres repetiram, sem entender.

O pai não disse nada. Com o dedo querendo fisgar o ar, tentava se lembrar. Como não conseguisse, se pôs a repetir:

— OEN... OEN... OEN... Olimpíada... — E ele gritou: — Olimpíada Estudantil Nacional! Meu filho, você é o maior! Bate aqui! — pediu, oferecendo a palma da mão direita.

Só então as mulheres se deram conta do que se tratava e correram para abraçar o garoto.

— Beto, eu sabia que você ia conseguir!

— Eu também sabia! — repetiu Edenir. — Por que não falou logo?

Enquanto abraçavam o garoto, o pai, Luís Otávio, se afastou. Voltou, em seguida, com uma bola de basquete e a máquina fotográfica e começou a gritar:

— Betão é campeão! Betão é campeão!

— Isso, Luís Otávio, tire uma foto da gente — pediu a esposa.

A mulher e a empregada já abraçavam o garoto, fazendo pose, quando o marido contrariou:

— Calma aí, gente... Isso não é assim, não. Este momento é muito importante... Merece um registro especial...

Bem que a mulher tentou dizer algo, mas ele não deu tempo.

— Segure aqui esta máquina... Isso... Agora, venha aqui, Beto... — Quando o filho se aproximou, ele lhe entregou a bola. — Isso, filhão! Que orgulho!

— O que eles estão fazendo, dona Cida?

— Acho que sei o que ele está pretendendo...

E, de fato, havia adivinhado. Pai e filho, abraçados, só esperavam pelo momento de registrar tamanha alegria. Então, Luís Otávio comandou:

— Capriche na foto, Cida!

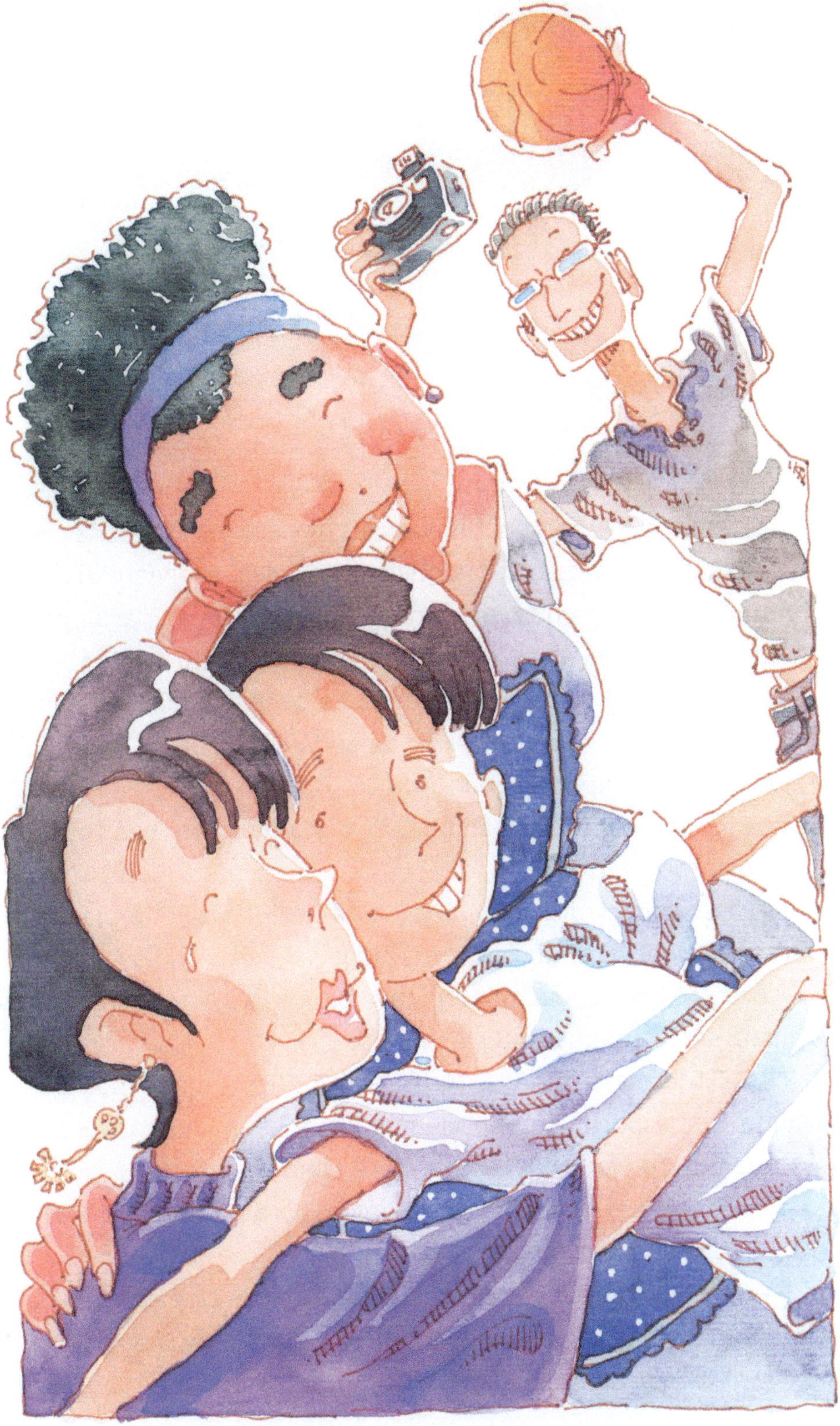

2
Um ás do basquete

Era a mãe que acompanhava mais de perto as atividades escolares do filho. Por isso, sabia que a escola desenvolvia vários programas e projetos, que levavam os alunos a viajar, participar de eventos culturais e esportivos, valorizando muito o intercâmbio e a convivência social com alunos de outros estabelecimentos, inclusive de outros estados. No caso da OEN, porém, foi preciso que o marido explicasse:

— É uma Olimpíada Estudantil Nacional! Um evento muito importante!

— Isso você já disse! Eu quero detalhes! É uma olimpíada cultural, uma olimpíada esportiva, uma...

Beto, de boca cheia, se preparava para falar, mas o pai se antecipou, extravasando entusiasmo por todos os poros.

— É tudo isso, Cida! É tudo isso! A OEN é uma mistura de olimpíada esportiva e olimpíada cultural. Para ser convocado, o aluno tem de ser muito bom! Não é, filho?

— É, sim, pai. A professora Zoraide, nossa diretora, disse que é... — confirmou o filho.

— A escola devia mandar por escrito esse tipo de coisa... — resmungou a mãe, mastigando.

— A escola vai avisar, mãe... Eu estou só adiantando... — explicou Beto. — Ou a senhora acha que a gente ia viajar sem avisar os pais?

— Viajar? — espantou-se a mãe. — Viajar para onde? A olimpíada não vai ser aqui?

O pai voltou a atenção ao prato, sabia que a preocupação da mulher ia crescer.

— Aqui? A gente vai pra Bahia!

— Bahia?

— É a minha terra, dona Cida! É a minha terra, seu Luís Otávio!

— Eu sei, Edenir — concordou Luís Otávio.

— Bahia? Você tem certeza, Beto? — continuou a mãe, preocupada, parecendo não ouvir as palavras da empregada.

O filho confirmou a informação:

— A diretora falou o nome do lugar... Acho que é... Ibiraba, acho que é isso... Ela disse que fica na beira do rio São Francisco...

— Rio São Francisco... — repetiu a mulher. — Você ouviu, Luís Otávio... Será que é seguro?

— Só pode ser! A escola está acostumada a organizar esse tipo de evento e nunca deu problema.

— E os pais podem ir também?

— Não podem, não! — cortou o filho. — Só podem viajar os alunos que foram convocados e os professores indicados pela escola.

Aparentemente, a mãe tinha perdido o apetite. Deixava esfriar no prato o peixe de que tanto gostava. E o pensamento não se afastava da preocupação.

— Preciso conversar melhor com a diretora...

— Ela vai chamar a senhora lá na escola para conversar...

— Ela disse que vai chamar? Quando?

— Isso eu não sei. Acho que ainda falta quase um mês pra começar a olimpíada.

— Beto... você não tem medo de viajar sozinho?

O garoto parecia pensar no assunto enquanto comia. A novidade e o entusiasmo não alteraram seu apetite. Depois de limpar a boca com o guardanapo, começou a falar:

— Eu não vou viajar sozinho. Já disse que vão outros alunos do colégio... Acho que são uns dez... E, fora isso, também vai a diretora ou outro professor para tomar conta da gente...

— Colega de escola não é como família, meu filho. Você nunca viajou sem os seus pais... Não acha que vai sentir falta?

— Claro que não! A diretora disse que a gente nem vai lembrar de casa, porque vai ter atividade o dia inteiro.

— Ela disse isso?

— Disse.

A mulher olhou para o marido, que continuava comendo o peixe já frio. Como sabia que ela acabaria perguntando, respondeu antes da hora:

— O Beto já é um garotão. É normal viajar com os colegas da escola. Filho, você nunca vai esquecer essa viagem!

— Às vezes, tenho vontade de voltar pra Bahia — interveio Edenir. — Não pra ficar, não. Só para visitar os conhecidos... os lugares que eu brincava quando era menina...

A família ouviu o comentário, mas ninguém soube o que dizer. Em outra oportunidade, com certeza teriam opinado, mas, diante do dilema em que se encontravam, não sabiam o que dizer àquela mulher que ajudara a criar o filho.

— Engraçado... Eu não sabia que o Beto era bom aluno em Matemática... Suas notas não são tão maravilhosas... — comentou distraidamente a mãe.

— Em compensação, ele é ótimo no basquete! — retrucou o marido. — É esse o espírito da olimpíada!

— Isso mesmo! — concordou Beto. — As outras escolas também vão mandar gente que é boa nos esportes e não tão boa nos estudos.

— Assim como vai ter gente boa nos estudos, mas não tão boa em esporte — completou o pai.

A mãe ficou olhando um longo tempo para o filho. Sentindo-se incomodado, ele perguntou:

— Posso pegar o sorvete no freezer?

— Pegue pra ele, Edenir — pediu a mãe.

Edenir, quase automaticamente, foi pegar o pote de sorvete. Retirou os pratos da mesa, levou-os para a pia e colocou diante de cada um uma taça e uma colher. Nesse ir e vir, comentou:

— Nunca ouvi falar em Ibiraba, não. Não deve ser do meu lado... Se bem que da minha cidade até o rio São Francisco não é longe, não...

— De onde você é mesmo?

— Minha cidade se chama Caculé, seu Luís Otávio.

— Ah, é verdade.

Como a dona da casa permanecesse pensativa, diante do pote de sorvete, a empregada insistiu:

— Tome o sorvete, dona Cida. A senhora gosta de napolitano...

— Hoje, estou sem vontade de tomar sorvete...

— E precisa de vontade pra tomar sorvete? Até parece! Toma pra festejar...

— Festejar? Festejar o quê, Edenir?

— Ora, a senhora já esqueceu? A convocação do Beto!

Antes que a mulher pudesse dizer qualquer coisa, o marido levantou-se com a taça de sorvete e propôs:

— A Edenir está certa! Hoje é um dia muito feliz! O Beto foi convocado para a olimpíada! Nosso filho é um ás do basquete! E nós somos os pais mais felizes do mundo, Cida! Somos ou não somos?

— Somos.

— Então vamos brindar...

Todos levantaram as taças com sorvete, e o pai prosseguiu:

— Um brinde ao campeão!

— Viva! Felicidades, meu filho!

— Viva o Beto!

3
A caminho da Bahia

Felizmente, tiveram quase um mês até a data da partida, o que permitiu que dona Cida e outras mães se acostumassem à ideia de verem os seus pequenos escapando por debaixo das suas asas e viajando sem a presença da família.

A diretora, na conversa com as mães, observou:

— Essa é uma grande experiência para garotos dessa idade. Eles vão ter de dividir funções com os participantes de outras cidades para poder enfrentar equipes de outros lugares do país. E o afastamento de casa, da família, vai fazer com que valorizem mais uma série de coisas...

As palavras da diretora da escola acabaram por convencer a mãe do Beto. E ela que se preparasse porque, dali por diante, viriam muitas viagens e experiências longe da família. A escola chamava aquilo de exercício de sociabilização. E, assim, só restou à dona Cida acompanhar o filho até o aeroporto, de onde ele embarcaria com destino a Salvador, na Bahia. Depois, seguiria de ônibus com os demais até o local da olimpíada.

No saguão, enquanto as famílias se despediam de seus filhos, dona Cida não desgrudava do Beto com várias recomendações:

— Cuidado, meu filho... Obedeça sempre à dona Zoraide...

— Pode deixar, mãe.

— Você colocou o agasalho na mala?

— Lá faz calor, mãe.

— Beto! Pelo amor de Deus, não fique muito perto do rio!

— Vai ter gente acompanhando, mãe.

Finalmente, foram chamados para o embarque. Do contrário, era bem possível que a mãe acabasse abrindo a mala para conferir o conteúdo. E iria descobrir que ele havia tirado muita coisa que ela colocara.

A viagem foi tranquila. Beto teve tempo suficiente para devorar o lanche servido a bordo. E, quando se deu conta, o avião já sobrevoava a capital baiana.

Até ali, a organização estava perfeita. Quando desembarcaram no aeroporto de Salvador, o ônibus especial fretado para o grupo de São Paulo já aguardava diante do local de desembarque. E, se o voo até a capital baiana mostrara uma boa parte do maravilhoso mar da Baía de Todos os Santos, a viagem de ônibus até Ibiraba mostrava parte da belíssima paisagem da Chapada Diamantina.

— Ainda bem que trouxe mais de um filme... — comentou Beto.

— Falou comigo? — perguntou o companheiro no banco ao lado, um garoto de São Carlos.

— Não, não. Estava falando comigo mesmo. Às vezes, eu faço isso...

— Eu também — riu o outro.

Beto pensou um pouco e decidiu encompridar a conversa.

— Na verdade, estava pensando alto... Dizia que felizmente trouxe vários filmes, porque a paisagem da Bahia é muito bonita...

— Ah, eu também trouxe máquina e muitos filmes. E meu pai disse para não economizar. O meu pai e a minha mãe querem ver tudo que a gente vai ver. Só que vai ser nas fotos.

— Sorte da gente que vai ver ao vivo, não é mesmo?!

— Eu não vejo a hora de descer do ônibus e começar a fotografar.

O garoto falou e voltou a recostar-se na poltrona. Embora falasse com entusiasmo da paisagem, parecia sonolento. Talvez tivesse acordado muito cedo para chegar ao aeroporto ou não tivesse dormido bem à noite. Beto estava pensando nisso, quando o garoto virou-se de novo para ele:

— O meu nome é Marcelo...

— Ah, até esqueci... O meu é Carlos Alberto, mas todo mundo me chama de Beto...

— Legal, Beto.

Almoçaram numa cidade chamada Morro do Chapéu, que demarcava, de certa forma, os limites ao norte da Chapada. Passaram, ainda, em Irecê, que o motorista do ônibus apresentou como "a capital do feijão". E chegaram, por fim, a Ibiraba, que ficava do outro lado do lago de Sobradinho, formado pelo rio São Francisco. De Xique-Xique se atravessava o braço da represa, em que se transformara o rio, para chegar a Ibiraba.

A cidade era muito simpática. Surgira, provavelmente, após as barragens, que deram origem ao lago e que obrigaram a transferência de cidades inteiras, como Remanso, Santo Sé e Pilão Arcado. Essas cidades foram reconstruídas em outros lugares, enquanto as cidades originais passaram a "dormir" debaixo das águas do lago imenso.

Todas essas informações constavam no material ilustrativo fornecido aos estudantes que participariam da Olimpíada Estudantil Nacional.

Quando chegaram a Ibiraba, era praticamente noite, de modo que os jovens só queriam saber onde ficavam os alojamentos. E não demoraram a perceber o nível de conforto que desfrutariam durante as competições.

As salas de aula haviam sido transformadas em alojamentos; o refeitório, onde lhes fora oferecido o jantar naquela noite, tinha sido instalado numa quadra coberta. O mais importante, no entanto, era que a comida estava ótima.

— Estou morto de cansaço — comentou Beto.

— Eu não andaria nem mais uma quadra hoje, nem que fosse para ganhar uma bomba de chocolate geladinha — respondeu Marcelo.

— Eu também não. Só vim jantar porque estava com muita fome. Mas a única coisa boa que consigo imaginar agora é uma cama.

— Também vou cair duro. Não se esqueça de que a abertura oficial é amanhã às oito... Oito da manhã...

— Fazer o quê?!

4
A abertura oficial da OEN

Desnecessário dizer que os jovens dormiram como uma pedra. Afinal, tinham viajado o dia todo. E outros chegaram durante a madrugada. Independentemente da hora de chegada, a cerimônia das oito era para todos.

Após um café da manhã reforçado, os representantes de vários estados reuniram-se na praça de esportes da cidade, onde teria lugar a abertura oficial da olimpíada. Os participantes identificavam o local de encontro do seu grupo pela presença da bandeira do seu estado de origem.

Finalmente, junto ao mastro que sustentava a bandeira de São Paulo, apareceram três senhores e uma moça vestindo uma camiseta branca com o símbolo da OEN. Eram os coordenadores dos grupos de estudo. Um deles tomou a palavra e se apresentou:

— Jovens de São Paulo, bem-vindos à OEN. Eu sou o professor Mário Graziani; vocês podem me chamar de professor Graziani. Vou coordenar o grupo de estudos de Matemática, durante esta semana.

Ele se calou por alguns instantes enquanto procurava algo no bolso. E então continuou:

— Atenção para o nome dos integrantes deste grupo: Marcelo Belotto, da cidade de São Carlos; Carlos Alberto Berti, de São Paulo, capital; Mário Kawai, de Presidente Prudente; e Fernanda Queirós, de Franca, a capital do calçado.

Dos nomes mencionados, a única que se apresentou foi Fernanda, colocando-se à frente do grupo.

O professor Graziani, dirigindo-se a ela, observou:

— Você é a Fernanda Queirós, certo? — Ela confirmou com um gesto de cabeça, e o professor continuou: — Suponho que os demais perderam o avião ou estejam no alojamento, dormindo...

A garota olhou de um lado, de outro, sem que ninguém se manifestasse. O professor já começava a se preocupar, quando Beto se aproximou, colocando-se ao lado da garota.

— Eu sou o Beto... Quero dizer, Carlos Alberto Berti... — Ele se dirigiu à Fernanda e ao coordenador. — Tudo bem?

— Tudo — respondeu ela com um sorriso curto.

Em poucos segundos, Marcelo também se juntou a eles e se apresentou. Depois, dando um tapinha no ombro do Beto, comentou:

— Que coincidência, hein?!

— Legal! — comentou Beto, que o conhecera na véspera.

— Então já se conhecem... — interveio o professor Graziani.

— Viemos juntos de Salvador... — confirmou Marcelo.

— Isso é que é coincidência... Se soubessem que iam ficar no grupo de estudos de Matemática, podiam trocar ideias durante a viagem...

Marcelo balançou a cabeça, não muito animado com a ideia do professor. Hesitou, mas acabou falando:

— Olhe, professor, durante a viagem, eu era capaz de falar de qualquer coisa... menos de Matemática.

— Puxa! Pensei que você adorasse Matemática...

— Não é que eu não goste... Mas prefiro a piscina. É lá que está a minha esperança de pontos... Na Matemática, quem sabe o Beto...

O garoto tratou de se livrar, mais que depressa:

— Sinceramente, professor, acho que, se depender de mim, o nosso estado não vai fazer muitos pontos... A minha esperança é o basquete...

— Ah, pelo visto aqui só tem atleta... — Então, virou-se para a garota: — E você, Fernanda... também é atleta?

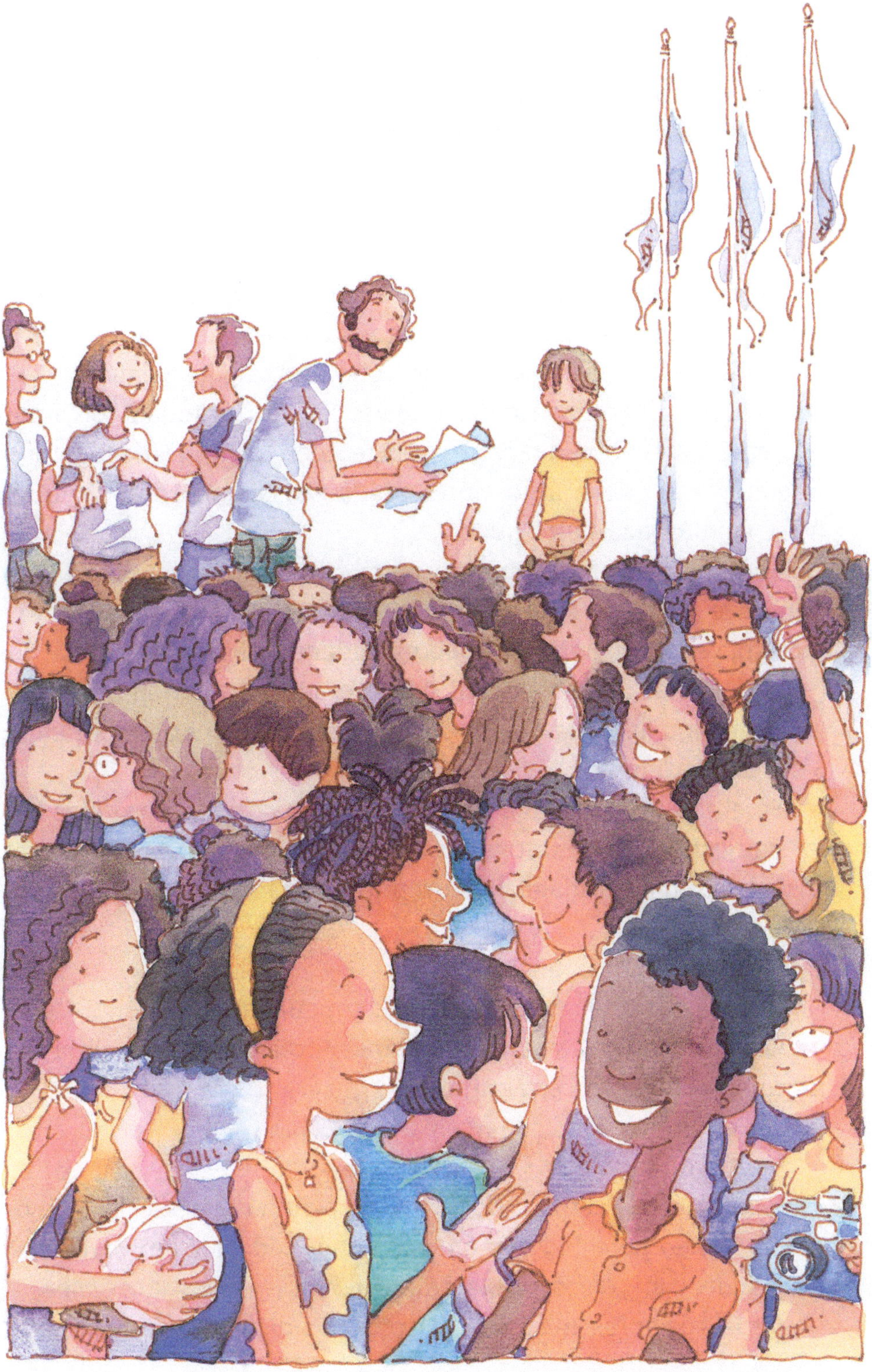

— Eu jogo vôlei...

— É a maior craque lá de Franca?

— De jeito nenhum. Eu jogo pro gasto...

O professor Graziani observou-a por mais tempo. Era uma garota bonita.

— E, naturalmente, apesar de jogar pro gasto, tem mais esperança no vôlei do que na Matemática...

— Não, professor, não se trata de modéstia, não... Sei que não sou uma grande jogadora de vôlei... Gosto muito de Matemática e é nela que vou jogar minha esperança de conquistar alguns pontos.

— Aleluia!!! Enfim, alguém que vai concentrar toda a força na Matemática! — vibrou o professor. E, em tom de brincadeira, prosseguiu: — Sendo a única interessada em Matemática, sei que você vai produzir pelos quatro.

Enquanto eles falavam, um jovem de origem oriental se aproximou e ficou de lado ouvindo o diálogo. Naquele momento, porém, sentiu que era a sua oportunidade de se apresentar.

— A Fernanda não é a única interessada em Matemática. Eu também vou disputar provas de atletismo, mas minha esperança está na Matemática.

Só então, conferindo a relação dos participantes, o professor se deu conta de que faltava um componente do grupo. Bastante risonho com a novidade, foi cumprimentar o garoto.

— Você é o...

— Mário... Mário Kawai...

— Olá, Mário... Já conhece seus companheiros?

O jovem olhou à sua volta, balançando a cabeça em sinal de afirmação. O professor enumerou:

— Fernanda... Beto... Marcelo...

— Oi, oi... Tudo bom?

— Oi, Mário... Bem-vindo ao grupo — falou Marcelo. — Como você deve ter percebido, estamos botando toda a fé em você e na Fernanda, com relação à Matemática...

Depois de apresentados, os garotos não disfarçavam o interesse que sentiam um pelo outro, mas todos permaneceram calados. O silêncio foi rompido por Fernanda, que parecia mais desinibida que os garotos.

— Bom, professor, agora que o grupo já se conhece, a gente pode saber qual é o assunto do nosso trabalho?

O professor Graziani coçou o bigode e propôs:

— Muito bem, Fernanda, vamos ao ponto. Esse grupo teve muita sorte, pois o trabalho de vocês é sobre Geometria.

Beto franziu a testa e comentou baixinho:

— Geometria? Não sei onde está a nossa sorte.

O professor, apesar da preocupação do Beto, continuou:

— Para ser mais preciso, vocês farão um trabalho sobre perímetros, áreas e volumes, e é por isso que eu falei que tiveram muita sorte. Vocês já observaram que a escola foi construída no terreno de um antigo sítio. Considerando que o trabalho deve ser simples, mas com muitas aplicações práticas envolvendo medições, este local é ideal para o trabalho que farão.

Ainda sem entender muito bem as vantagens, os integrantes do grupo começaram a se acalmar acreditando nas palavras do professor. E ele continuou:

— Além disso, a biblioteca com livros sobre o assunto e a sala de informática para pesquisas na Internet estarão à disposição de vocês.

— Ufa, até que enfim algo interessante — comentou Marcelo.

Beto quis saber mais e perguntou:

— Quando é que a gente recebe as questões?

— Aqui, não haverá questões — respondeu o professor. E acrescentou, a seguir: — Vocês pensarão nas questões e trabalharão as soluções. Assim fica melhor. Contem comigo para orientá-los!

5
Uma nova rotina

Depois de conhecidas as normas e o programa da OEN, a semana, que parecia longa, começou a se tornar curta. Na verdade, a única coisa que contava era o tema — perímetros, áreas e volumes —, e eles teriam de começar do zero.

Além disso, as provas esportivas eram realizadas todos os dias, pela manhã ou à tarde. Os componentes das equipes precisavam treinar e nunca estavam no mesmo lugar, ao mesmo tempo. Se um ia para a quadra de vôlei, o outro ia jogar basquete. E, enquanto aquele ia para a piscina, o outro se dirigia para a pista de atletismo. Encontrar tempo para reuniões e discussões fazia parte da prova.

— E não se esqueçam... Eu também estou à disposição de vocês... — lembrou o professor Graziani. — Um plantão de dúvidas em período integral... Do que mais precisam?

O professor riu de novo e se despediu, desejando boa sorte ao grupo.

— E agora? — perguntou Marcelo, que já se revelava o mais falante. — Não sei se vocês se tocaram... Nós estamos por nossa própria conta... Estamos no mato sem cachorro, como diz a minha avó, lá em São Carlos...

Fernanda não tirava os olhos do material que recebera, uma pasta com papel, lápis, caneta, além de um mapa do local com indicações de todas as dependências, informações úteis, horários de refeições e programação do treinamento e das competições. Ao fechar a pasta, falou:

— Pelo que eu pude ver da programação, a gente não vai ter muito tempo para ficar junto durante o dia...

— Certo — concordou Marcelo. — Pelo menos um sempre vai estar treinando ou competindo...

— Em compensação, as noites serão livres — concluiu a garota. — Quem quiser levar a sério a competição, vai ter de usar esse tempo...

— Eu topo! É a única saída que eu vejo também — concordou Mário. — A gente vai ter de usar pelo menos parte desse tempo da noite e os intervalos das atividades esportivas.

— Será que a gente aguenta? — indagou Beto. — Diante do olhar insistente da garota, ele mesmo respondeu: — É... Acho que vai dar...

Fernanda não perdeu tempo:

— Muito bem! Já que estamos de acordo, vamos começar hoje à noite... Vamos nos encontrar no refeitório e de lá saímos para a reunião... Alguma dúvida?

Como ninguém respondeu, ela se despediu e saiu em direção ao alojamento. Mário deu-lhe uns poucos metros de distância e partiu na mesma direção. Quando já haviam se afastado, Marcelo perguntou:

— Quem escolheu a Fernanda pra chefe do grupo?

— Eu é que não fui!

— Você viu a maneira como ela decidiu tudo? Não perguntou nada, não quis saber nossa opinião...

— Bom... De certa forma, eu acho que ela está certa... Eu estou mais pro basquete e você pra piscina, portanto...

Aquele primeiro dia até que não foi dos piores. Aparentemente, os organizadores do programa haviam pensado em tudo. Os alunos que vinham de todos os cantos do país precisavam de pelo menos um dia para se familiarizar com o ambiente. E alguns até esqueceram um pouco a competição e foram passear pelos arredores.

— Tem gente que veio fazer turismo — comentou Beto, a caminho do encontro.

— Eles estão certos. Vi um pessoal aí, andando de barco. Olha...

Beto olhou para Marcelo e riu do seu jeito. No íntimo, pensava que, se o garoto não mudasse nos próximos dias, ficaria difícil contar com ele. Caminharam para o refeitório procurando por Mário e Fernanda, e, como o lugar estava lotado, não conseguiram encontrar os dois. Além disso, a fome era tão grande que na primeira vaga que apareceu sentaram-se numa das mesas. Só encontraram os outros após o jantar.

Marcelo deu uma cotovelada em Beto e cochichou:

— Você já reparou que eles estão sempre juntos? A gente não conseguiu encontrá-los, mas os dois se encontraram. Olhe só, os pombinhos...

— Além disso, eles têm o interesse comum pela Matemática.

— É mesmo. Tinha até esquecido — concordou o outro, não muito convencido.

Quando chegaram, Beto se justificou:

— Procuramos por vocês...

— Ah, o refeitório estava muito cheio... Não dá nem para guardar lugar — retrucou Fernanda.

— Vocês se encontraram no caminho? — interrogou Marcelo.

— Não, não. Eu e o Mário conseguimos nos encontrar antes de entrar para o jantar.

— Ah, vocês tiveram sorte — ironizou o outro.

Mário não percebeu a ironia na voz de Marcelo. Continuou impassível, como era o seu hábito. Fernanda sentiu-se à vontade para dizer o que tinha na cabeça.

— Eu e o Mário aproveitamos pra conhecer melhor o local. Afinal, a gente não pode meter a cara na Matemática e esquecer a natureza. A gente está na Bahia...

— Eu também dei umas voltas por aí... O lugar é bonito mesmo... — concordou Beto.

— Amanhã, eu prometo que a gente começa... — tomou a garota. — E, de preferência, pensando no que é perímetro... Eu já faço uma ideia, mas precisamos ter certeza...

— Eu conheço o assunto — retrucou Marcelo.

Fernanda observou-o sem conseguir esconder a admiração.

— O quê? Acho que não entendi bem...

— Eu também não — acompanhou Beto.

Após a pausa, Fernanda repetiu:

— Você sabe o que é perímetro?
— Sei.
— E pode dizer pra gente?
— Claro — ele respondeu. E, como todos aguardassem, Marcelo botou pra fora: — Perímetro é a medida da linha de contorno de uma figura plana.
— Nossa mãe, o menino está arrasando — ironizou Beto.
— Puxa! Eu... estou surpresa... Você disse que Matemática não era o seu forte!
— E não é mesmo, mas tenho as minhas tiradas — brincou Marcelo com cara de convencido e comentou: — Hoje, à tarde, fui até a sala de informática dar uma olhada e acessei a Internet. Tem um *site* de Geometria muito legal, é uma espécie de dicionário que dá o significado de vários termos usados em Matemática. Procurei a palavra "perímetro" e apareceu na tela:

> Perímetro é a medida da linha de contorno de uma figura plana.

Mário anotou a definição e sugeriu:
— Agora, temos de criar problemas de aplicação.
— Mas isso só amanhã — retrucou Beto.
— Estamos muito cansados, já é hora de pegar uma bela caminha... Até amanhã, pessoal — Marcelo aproveitou e se despediu do grupo.

6
A teoria na prática

O segundo dia em Ibiraba mostraria que a tranquilidade observada na véspera era enganosa. Com o início das atividades esportivas, as emoções, até então contidas ou disfarçadas, vinham à tona. Afinal, eram jovens repletos de energia, com as emoções à flor da pele, que nem sempre conseguiam manter as disputas dentro do nível de civilidade exigido pelo espírito olímpico.

Beto foi o primeiro do grupo de Matemática a estrear nos esportes. Talvez por isso tenha entrado na quadra com um misto de nervosismo e medo, já que se tratava da sua estreia no torneio. E havia uma certa obrigação de mostrar bom desempenho, pois afinal era na quadra que poderia se destacar. Nas questões matemáticas, não tinha dúvida de que estava destinado a desempenhar papel secundário.

Talvez por se sentir pressionado acabou não se controlando. E o resultado foi que, se por um lado demonstrava um vigor e um nível técnico invejáveis, contribuindo decisivamente para a vitória do time paulista, por outro, acabou sendo derrotado pelo próprio descontrole. Visivelmente nervoso, começou a reclamar, xingou o juiz e acabou sendo expulso da partida.

Só então caiu na realidade. Após o banho, enquanto arrumava o material na sacola, torcia para que os amigos não estivessem do lado de fora esperando por ele. Mas lá estavam os três.

— Vocês me desculpem, eu... eu... Eu estraguei tudo.

— O que é isso, Beto?! Nós ganhamos no basquete graças a você! Foi a primeira vitória de São Paulo — falou Marcelo, esforçando-se por mostrar entusiasmo.

— O Marcelo está certo... Sem a sua participação, a gente não teria vencido. Você foi o melhor jogador em quadra — confirmou Fernanda, entusiasmada.

— Obrigado, Fernanda... Vocês são muito legais... Mas eu sei que falhei... perdi o controle...

— Você não deve se culpar, Beto... — interveio Mário, que se mantivera em silêncio até aquele momento. — Eu encararia como um fato normal, foi um jogo de abertura, a estreia...

Beto sacudiu a cabeça, contrariado:

— Eu penso exatamente o contrário... Se um jogador é expulso da quadra logo no jogo de abertura, imaginem o que não é capaz de aprontar depois... O juiz, por exemplo, a partir de agora vai ficar na minha marcação.

Mário ouviu o companheiro, mas não se convenceu:

— Olhe, é claro que o ideal seria não cometer faltas, não ser expulso... Mas se tinha de acontecer, acho melhor que tenha acontecido já no início...

— O Mário está certo — intrometeu-se Fernanda. — O que ele quer dizer é que, acontecendo a expulsão logo no início, você vai pensar duas vezes daqui para frente antes de reclamar do juiz ou dos companheiros...

Beto reagiu com um gesto que não era sim nem não. Marcelo aproveitou a brecha e apoiou:

— Em resumo, foi melhor ser expulso na abertura da olimpíada do que durante uma partida decisiva! Esqueça essa expulsão e bola pra frente, que atrás vem gente!

Diante daquelas palavras calorosas e do abraço sincero de Marcelo, o garoto consolou-se um pouco.

— Beto, você pisou na bola sendo expulso, mas foi o melhor jogador na quadra... E, assim, ficou no empate. E, para desempatar, você pode produzir muito na Matemática. — Mário comentou e riu prazerosamente.

Beto ia falando quando foi interrompido por Fernanda.

— É isso mesmo, Mário... Concordo plenamente... Ajudando na Matemática, você estará ajudando todo o nosso grupo.

— Ah, Fernanda, aí vai ser difícil!

— O Marcelo também achava... E ontem nos surpreendeu, falando sobre perímetro. Foi muito útil, já temos um ponto de partida.

De certa forma foi bom ter falado com os companheiros de equipe, após o jogo. Beto sentia-se agora mais aliviado. Apesar disso, inventou uma desculpa boba para voltar ao vestiário e ficar um pouco sozinho. Precisava daqueles minutos para colocar a cabeça em ordem.

Depois que o ginásio de esportes ficou vazio, subiu até um ponto alto das arquibancadas, deixou a mochila no chão e chegou a rir ao se lembrar das palavras de Fernanda.

— Ou ela estava me gozando ou não entende nada de nada... Imagine... Contar comigo para marcar pontos em Matemática...

Estava lá em cima, tentando esfriar a cabeça e ao mesmo tempo descansar da correria do jogo, quando viu um funcionário da escola chegar com um balde de tinta e material de pintura. Em seguida, o homem se pôs a pintar as demarcações da quadra que estavam quase apagadas. Tinha prática. Devia estar habituado ao trabalho.

Logo depois, surgiu outro funcionário com um rolo de corda, comentou algo com o primeiro, começou a desenrolá-lo. Depois de colocar pequenos postes nos quatro cantos da quadra, passou a corda ao redor dela. E, ao final, dependurou uma placa com os dizeres "TINTA FRESCA".

Beto observava atentamente a cena; algo lhe chamava a atenção até que se lembrou do que Marcelo havia dito na véspera, depois de sua pesquisa na Internet: "Perímetro é a medida da linha de contorno de uma figura plana". Naquele caso, seria a soma das medidas dos lados da quadra.

Lembrou-se, então, de que Fernanda tinha proposto que cada um tentasse encontrar aplicações práticas para perímetro. E ali, bem diante do seu nariz, estava uma.

— Acabo de encontrar uma aplicação para o perímetro... Claro! Com um metro ou qualquer coisa do tipo, posso medir os lados da quadra e saber o seu perímetro. E com essas medidas automaticamente vou saber quanto o funcionário precisou de corda para cercar a quadra.

Enquanto falava consigo mesmo, começou a descer os degraus da arquibancada. Ao saltar do primeiro degrau para o piso do ginásio, não se conteve e gritou:

— Eu sou um gênio! Como é que não pensei nisso antes?

Os funcionários ficaram olhando, ele saiu, foi direto ao departamento de Educação Física. E, ao entrar, pediu a um funcionário:

— Por favor, preciso de uma trena.

— Você é da equipe de atletismo? — perguntou o responsável pelo material.

— Não, mas preciso de trena para medir... Não questões atléticas, mas matemáticas.

Ele voltou à quadra com a trena na mão e percebeu que não conseguiria fazer aquela tarefa sozinho. Não teve dúvidas! Dirigiu-se, então, a um dos funcionários:

— Por favor, o senhor pode me ajudar a medir as linhas que contornam a quadra de basquete?

O homem, sem entender muito bem o que estava acontecendo, concordou em ajudar o garoto.

Beto começou a medir os lados da quadra, anotando cada número num desenho improvisado que fez na caderneta do seu kit esportivo. Enquanto procedia à medição, os funcionários não tiravam os olhos dele. E ele ganhou até mais desenvoltura, pois, além de encontrar uma boa aplicação matemática para o perímetro, ainda despertava o interesse dos funcionários.

Quando se sentou na arquibancada para melhorar o desenho que havia feito com as medidas obtidas, os dois se aproximaram.

Ele mostrou o esboço e comentou:
— Dá para reconhecer que é a quadra?

O pintor olhou de um lado, de outro, até concordar:
— Parece mesmo. Tem até a corda e a placa que o Maneco dependurou...

Orgulhoso, Beto aproximou a caderneta com o desenho dos dois funcionários. Eles, porém, não pareceram muito entusiasmados. E, após uma pausa, o pintor retomou:
— Por falar em reconhecer... Não me leve a mal. O Maneco parece que reconheceu você...
— Reconheceu de onde? — estranhou Beto, voltando-se para o ajudante.
— Bom, pode ser que esteja enganado... Não foi você que o juiz expulsou no jogo de basquete?

E ele que estava imaginando que o seu trabalho sobre perímetro fazia sucesso!
— Fui eu mesmo — concordou Beto. E ironizou: — O senhor tem boa memória.

7
Somando pontos e conhecimentos

Naquele dia, combinaram que, quem chegasse primeiro ao refeitório, reservaria uma mesa para os quatro. Estabeleceram também um lugar para que o encontro ficasse mais fácil. Assim, conseguiram jantar juntos e, logo depois, foram para a biblioteca.

Escolheram uma mesa de canto, distante do burburinho provocado pelos vários grupos que usavam o local. E, quando Fernanda já se propunha a fazer a abertura da reunião, Marcelo pediu um tempo e manifestou sua preocupação.

— Nós já falamos com o Beto sobre o incidente no jogo, mas mesmo assim fiquei preocupado porque você sumiu durante o dia todo... Acho que não adianta a gente ficar remoendo essas coisas...

— Ah, Marcelo, é bom saber que existem pessoas como você que se preocupam até com quem mal conhecem...

— Também acho isso legal — concordou Mário. — Esse tipo de coisa serve para unir mais o grupo.

Beto esperou que Mário terminasse e continuou, no mesmo tom de antes:

— Já que vocês se preocuparam, queria dizer que não passei o dia me lamentando... Para falar a verdade, passei o dia pensando em Matemática...

— Matemática? — surpreendeu-se Marcelo.

— É... descobri uma aplicação para o estudo do perímetro e fiz o registro...

Enquanto ele tirava o material da pasta, Fernanda elogiou:

— Eu não disse que o Beto ia se reabilitar fazendo grandes descobertas matemáticas? Se vocês pensaram que eu estava brincando, ele já começou a demonstrar seu talento.

— Nossa! Tem desenho e tudo! — constatou Mário e perguntou: — O que é isso? A quadra de basquete?

— É a quadra — confirmou Beto. — Depois que vocês saíram, eu fiquei alguns instantes lá nas arquibancadas... Queria esfriar a cabeça...

— Fez bem — aprovou Marcelo.

Beto sorriu. E continuou a contar a sua experiência:

— Estava lá, ainda aborrecido com a expulsão, quando vi os funcionários pintando a quadra e esticando uma corda em volta dela para impedir que as pessoas pisassem...

— Legal! Eles estavam cuidando da manutenção da quadra, mas você viu lá uma situação, em que era possível empregar o conhecimento de perímetro...

— Isso mesmo, Fernanda. Foi o que aconteceu — confirmou Beto. — Vejam: eu medi os lados, calculei o perímetro e fiz a figura.

Ele colocou o desenho sobre a mesa e fez sinal para que os amigos se aproximassem para conferir.

Mário olhou admirado para o desenho e indagou:

— O que você usou para medir a quadra?

— Peguei uma trena emprestada no departamento de Educação Física e, com a ajuda do funcionário que estava pintando a quadra, fui anotando as medidas.

— Segundo o seu desenho, a quadra é retangular e mede 15 metros de largura e 28 metros de comprimento — Mário comentou de olho no desenho.

— É isso mesmo — respondeu Beto e continuou fazendo as anotações:

Perímetro da quadra de basquete
15 m + 28 m + 15 m + 28 m = 86 m

— Está certo — concordou Marcelo. — É como eu havia dito, perímetro é a medida da linha de contorno de uma figura plana. Nesse caso, a quadra de basquete está representada por um retângulo. Então, o perímetro é a soma das medidas de seus lados.

— Bem, nós precisamos fazer uma boa ilustração para a apresentação do nosso trabalho — propôs Fernanda.

— Deixe comigo — respondeu Marcelo. — Vou rapidinho até a sala de informática providenciar isso e já volto.

Alguns minutos depois, Marcelo retornou colocando sobre a mesa sua ilustração.

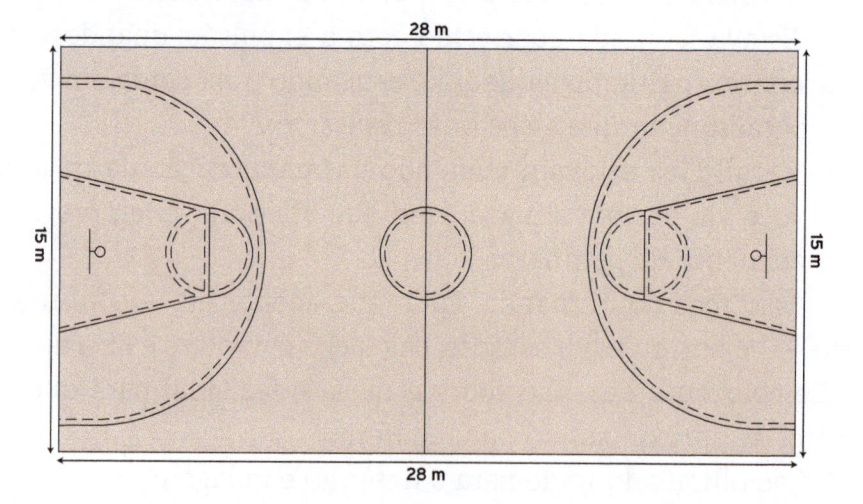

Perímetro:
15 m + 28 m + 15 m + 28 m = 86 m

Comprimento da corda: 86 m

— Nossa! Demais! — exclamou Beto que, junto com Mário e Fernanda, comemorava a belíssima ilustração do amigo.

Animado, Mário propôs:

— Vamos às aplicações, pessoal! O primeiro lugar de Matemática ninguém tira de nós...

Apontando com a régua a corda colocada ao redor da quadra, Fernanda sugeriu:

— Se precisamos de 86 metros para isolar a quadra com uma volta de corda, de quantos metros precisaremos para isolá-la com três voltas?

> **Perímetro é a medida da linha de contorno de uma figura geométrica plana. No caso dos polígonos, perímetro é a soma das medidas de seus lados.**
>
> **Polígono é uma figura geométrica plana, fecha-**

Mário, que estava ansioso para demonstrar seus conhecimentos matemáticos à Fernanda, antecipou-se:

— Aí é fácil... Como uma volta de corda é a medida do perímetro, isto é, 86 metros, com três voltas é só multiplicar por 3...

— Muito bem! — admirou-se Fernanda.

— Você quer registrar isso em sua caderneta, Beto?

— Claro, Fernanda, é pra já — e registrou:

> Para uma volta, são necessários 86 metros de corda.
>
> Para três voltas, são necessários:
>
> 3 x 86 m = 258 m.
>
> Vamos precisar de 258 metros de corda.

Mário ficou satisfeito com o cálculo realizado com o perímetro, a partir da proposta de cercar a quadra com três voltas de corda em vez de uma. Fernanda, porém, já se adiantava. Enquanto Beto registrava os dados, ela pensava em outra aplicação possível, a partir daquela situação. Então, sugeriu:

— Bem, nós temos a medida do perímetro da quadra... E sabemos agora quantos metros de corda seriam necessários para cercar a quadra com três voltas...

— A gente ia precisar de 258 metros — lembrou Marcelo.

— Certo, precisamos de 258 metros de corda. E se o metro de corda custasse R$ 0,80, quanto gastaríamos no total?

— Se cada metro custa R$ 0,80, temos de multiplicar 258 por R$ 0,80 e acharemos o total — falou Mário.

Enquanto o garoto falava, Beto já indicava, calculando.

> Para cercar a quadra com uma volta de corda: 86 m.
> Com três voltas de corda: 3 x 86 m = 258 m.
> Um metro custa $ 0,80, então 258 metros custarão:
> 258 x 0,80 = 206,40, isto é, R$ 206,40.

— Boa, Beto! — aplaudiu Marcelo. — Você vai gastar R$ 206,40!
— Eu não! Não tenho dinheiro pra isso, não!
— Mande a conta para a escola!
— Ou para o governo!

E os quatro riram muito, despertando olhares curiosos dos outros alunos que estavam nas mesas em volta. Afinal, o que podia haver de tão engraçado na Matemática?

8 História de pescador

A terça-feira foi um dia cheio, em termos esportivos principalmente. Logo cedo, Marcelo participou das provas classificatórias de natação. E, numa prova disputada palmo a palmo, se classificou para as quartas de final, na modalidade nado de costas. De maneira que, se chegasse às finais, disputaria também a prova de revezamento 4×100 metros.

Mas nem tudo era festa. Logo após as comemorações pela classificação, os quatro se reuniram num canto da praça para tratar de Matemática. Nas modalidades esportivas, havia uma programação para treinos e competições. Em relação à Matemática, eles mesmos tinham de se organizar, pois, do contrário, deixariam o tempo passar e não cumpririam o estabelecido.

A reunião serviu para mostrar que estavam conscientes dessa responsabilidade. Aproveitando a experiência e o conhecimento adquiridos a partir do dia anterior, Fernanda e Mário acrescentaram dados novos às medições e aos cálculos realizados por Beto. Com o auxílio da garota, Mário havia medido praticamente toda a escola. E, ao final, Fernanda desenhou uma planta com as respectivas medidas. Com esses dados, calcularam o comprimento do muro que contornava a escola.

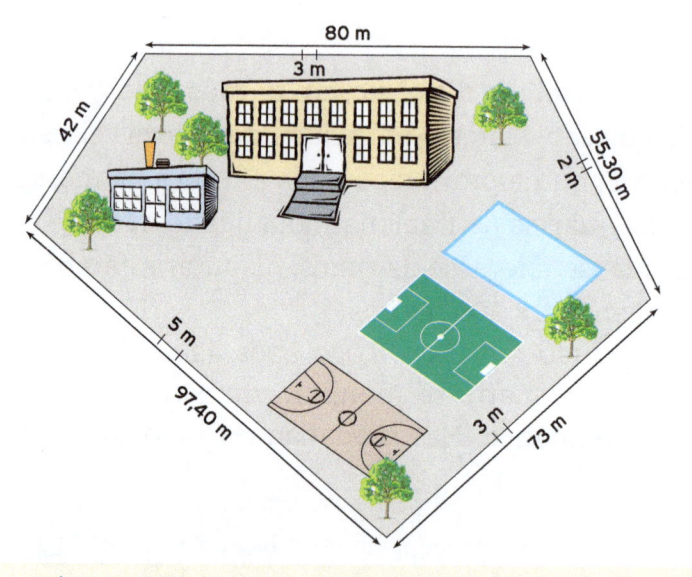

> Cálculo do comprimento do muro que contorna a escola, descontadas as medidas dos portões:
>
> 42 m + (80 m − 3 m) + (55,30 m − 2 m) + (73 m − 3 m) + (97,40 m − 5 m) =
>
> 42 m + 77 m + 53,30 m + 70 m + 92,40 m = 334,70 m
>
> O muro que contorna a escola mede 334,70 m.

Ao encontrar os amigos, Fernanda e Mário mostraram-lhes mais uma aplicação do perímetro.

— Puxa! Quando é que vocês conseguiram fazer tudo isso?! — admirou-se Marcelo.

— Devem ter passado a noite medindo a escola — brincou Beto.

— Pra falar a verdade, eu dormi muito bem! — retrucou Mário. — Como a gente já conhecia a experiência do Beto em medições, a Fernanda e eu conseguimos fazer as medições em tempo recorde.

— Ah, então vocês fizeram isso agora, de manhã? — perguntou Marcelo, sem muito entusiasmo.

— Claro! A gente tinha de fazer isso de manhã. À tarde, não daria... A Fernanda vai estrear no vôlei.

Beto e Fernanda perceberam imediatamente a decepção de Marcelo diante do relato. E entenderam que a razão daquele sentimento só podia se referir a uma possível ausência dos colegas nas piscinas, onde ele tinha disputado suas primeiras provas. A garota tratou de dissipar a dúvida.

— Daqui pra frente, não podemos perder tempo. Só quero deixar claro que primeiro fomos à piscina, prestigiar a sua participação, Marcelo...

— Como é que vocês conseguiram ir lá e fazer as medições? — estranhou o amigo.

— Ficamos no parque aquático até a sua prova. Quando tivemos certeza da sua classificação, fomos cuidar da Matemática...

— Aliás, não é por estar na sua presença, mas a Fernanda e eu tínhamos certeza da sua classificação... Só fomos até lá para conferir e prestigiar você — complementou Mário.

As palavras de Mário e Fernanda confirmaram o que os amigos suspeitavam. A visível decepção de Marcelo, de fato, se relacionava à possível ausência dos colegas nas provas de natação. E no fundo ele tinha razão. Se o grupo passasse a se reunir exclusivamente em função da Matemática, a amizade entre eles não seria a mesma. Sabendo agora que os colegas haviam assistido a sua prova, o nadador respirou aliviado. Apesar do interesse maior se concentrar na Matemática, eles não iam deixar de assistir às provas dos companheiros. Ele, por exemplo, não deixaria de assistir nem às provas de atletismo, apesar de não ser muito fã daquela modalidade. E de não ver com muito bons olhos aquela ligação do Mário com a Fernanda.

Distraidamente, Marcelo pensava em tudo isso até que Fernanda perguntou:

— O que foi, Marcelo? Está fora de sintonia?

— Desculpe, eu... Eu estava pensando...

— Pensando em quê? — insistiu ela, sorrindo.

Então, ele retomou o controle:

— Ah, Fernanda, isso nem vem muito ao caso... O que eu queria dizer é que também tenho aproveitado o tempo disponível...

— Que bom! Quer dizer que você também tem algo a acrescentar?

— Eu não diria que acrescentei alguma coisa... Mas, como a gente vai ter de mostrar esse material para o professor Graziani, digitei tudo no computador... Está aqui neste disquete.

— Que legal! — aplaudiu a garota, entusiasmada. — Quase fui atrás de você depois da reunião de ontem... E o motivo era exatamente esse. Minha ideia era mostrar o início do trabalho ao professor Graziani, para ele dar sua opinião.

— Vamos adiantar um pouco mais o trabalho e depois faremos isso — sugeriu Mário.

Satisfeito com a súbita importância que desfrutava junto ao grupo, por causa de sua familiaridade com o computador e a Internet, Marcelo propôs:

— Se você quiser me dar a planta do trabalho que você e o Mário fizeram, posso passar tudo no computador logo depois do almoço...

— Eu acho que não vai precisar — retrucou Mário. — Eu também posso ajudar com o computador... Na minha escola, a gente trabalha direto...

De novo, Marcelo se sentiu incomodado, pois Mário dava sempre a impressão de querer chamar a atenção de Fernanda. E, mais uma vez, ou porque entendesse da mesma forma que Marcelo ou por qualquer outro motivo, a garota reagiu de maneira inesperada.

— Mário, como o Marcelo já começou a cuidar dessa parte, você se importa que ele continue? Eu acho melhor que só uma pessoa se encarregue disso. O que você acha?

— Tudo bem — concordou Mário. — Se você acha melhor assim, não tem problema, Fernanda.

Marcelo sentiu vontade de pular de alegria. Conteve-se a custo para não deixar transparecer a satisfação que o dominava. E, sobretudo, para não deixar que os outros percebessem. Tentando aparentar toda a normalidade possível, falou, em seguida:

— Para mim, não é trabalho nenhum. Como já comecei os registros, talvez seja melhor mesmo ficar encarregado deles... Mas não quero decidir sozinho... Acho que tudo deve ser decidido democraticamente...

— Não tem o que decidir — repetiu Fernanda. — A responsabilidade pelos registros é sua. Afinal, você está indo muito bem.

— Legal! Podem contar comigo.

Mais à vontade, Marcelo falava, sentindo que no íntimo Mário não devia estar muito satisfeito. O que ele queria mesmo era monopolizar tudo para crescer aos olhos da garota.

— É isso aí, Marcelo. Você é o nosso registrador oficial para assuntos de informática — brincou Beto. — E se precisar de um assistente...

— Pode deixar que eu chamo o Mário...

— O Mário? Mas estava pensando em me oferecer para o cargo... Também tenho alguma intimidade com o computador.

Pararam com a brincadeira e ficaram olhando para a garota, que permanecia em silêncio. Como a pausa se estendesse, Beto preocupou-se:

— Fernanda, a gente falou alguma coisa que não devia? De repente, você ficou tão quieta...

Ela olhou para os três, quase rindo. Por fim, falou:

— Bem, eu estou preocupada...

— Preocupada? Com o quê?

— É tanta disputa para assistente de computador, que eu fico imaginando se vai sobrar alguém para me ajudar com o cálculo das áreas...

Beto encarou-a com seriedade. Em seguida, falou:

— Você está brincando com a gente...

— Claro! Se a gente não desvendar o cálculo das áreas, não será por falta de colaborador...

— Ah, isso não! — concordou Marcelo.

— Não mesmo! — acrescentou Beto.

9 Uma jogada de mestre

Após o almoço, o grupo se separou.

— Até o final da tarde, vocês não vão poder contar comigo... O meu jogo de estreia é às cinco e daqui vou para a concentração. O técnico exigiu...

— Sem problema, Fernanda, pode deixar com a gente. Às cinco, estaremos lá, torcendo por você e pelo vôlei — prometeu Marcelo.

— Ah, eu não sou essas coisas, não. Pra falar a verdade, nem sei se vou entrar ou se vou ficar na reserva.

— O que é isso, Fernanda, o time precisa de você!

— Ora, Marcelo, o que você sabe do time de vôlei?

— O que eu sei é que qualquer time de vôlei sem você na quadra perde metade da força! — Marcelo falou num tom de gozação e pediu confirmação: — Diga pra ela, Beto.

Pego de surpresa, o garoto topou a brincadeira:

— É verdade, Fernanda, concordo com o Marcelo... Nenhum técnico pode se dar ao luxo de deixar você no banco.

A garota riu muito e perguntou ao Mário:

— Você também acha isso?

— Com certeza!

— Está vendo? É consenso!

— Tudo bem! Se não vencer, não foi por falta de estímulo — brincou ela. — Agora, preciso ir ou vou me atrasar.

— Boa sorte!

— Obrigada.

Fernanda seguiu para a concentração. E, assim que ela se afastou, Mário falou:

— Eu vou pro alojamento... Preciso dar uma descansada.

— Tudo bem.

— Pensando bem, não é má ideia — concordou Marcelo.

— Pra mim, não dá. Está muito quente. E, se eu me deitar agora, não acordo pro jogo da Fernanda.

— O problema é o que fazer até às cinco...

Beto olhou de um lado, de outro. Àquela hora, o sol costumava castigar. Um sol tão forte, que parecia querer rachar a cabeça. Nem na praia tinha visto um sol tão ardente. Ah, se não tivesse que torcer por Fernanda, se não tivesse que pensar na questão das áreas!... Na sombra de um telhado, o sol se mostrava menos ardido, mas o calor piorava. Não sabia muito bem o que fazer, quando lhe ocorreu a ideia:

— Marcelo, a gente podia ir para a beira do lago pescar, nadar, passear, conhecer o lugar...

— Debaixo desse sol? — reclamou o outro.

— Lá na beira do lago deve ter alguma vegetação... Ou então a gente dá uns mergulhos e se refresca um pouco desse calor horrível!

Chegaram a um acordo e foram vestir o calção de banho. Nas proximidades da escola, o rio São Francisco era manso e suas águas eram calmas. Pegaram também material de pesca e iscas com o zelador da escola. Porém, ao chegarem ao local, ficaram decepcionados.

— Puxa! Imaginei que tivesse mais gente por aqui. Como é que alguém pode se esquecer de um monte de água fresca como esse, com um sol tão forte?

— Talvez seja essa a explicação. Com um sol destes, é bem capaz de a gente pegar uma insolação... — respondeu Marcelo, sem muito ânimo.

— Bem, eu não vou perder a viagem. Vou me deitar debaixo daquelas arvorezinhas e esperar que os peixes venham pegar o meu anzol. Se o sol não estivesse tão forte, ia deitar naquele barco.

— Que tipo de peixe será que dá aqui?
— Não faço ideia.

Escolheram uma sombra boa e se ajeitaram. Beto abriu a lata de iscas que o caseiro havia lhe dado e enfiou o anzol numa delas. Marcelo olhou para a minhoca se mexendo no anzol e desistiu.

— Eu não vou botar a mão nisso aí, não!
— Não tem perigo, o bicho não faz nada! Veja!
— Não é medo, é nojo! Se eu soubesse que peixe comia essas coisas, nem peixe eu comia!
— Deixe de ser radical, Marcelo, eu vou atirar a linha na água e esticar o corpo na sombra.

Marcelo ficou sentado. Estava claro que não se sentia à vontade. Embora fosse ele o garoto do interior, aparentava um desajeito completo. Beto fincou a ponta da vara no barro da margem e quase dormia quando ouviu:

— Beto... Beto...
— Humm...
— Beto... Beto...
— Humm... Fala, Marcelo...
— Beto, tem um cara...
— Um cara? Deve ter muitos!

O amigo sossegou apenas por um instante. E logo recomeçou:

— Beto, ele está vigiando a gente...
— Quem? — perguntou Beto, levantando a cabeça. — Vigiando a gente a troco de quê?
— Não sei. Esse é o problema. É um sujeito mal-encarado. Está usando um chapelão...
— Ora, Marcelo... Quase todo mundo aqui usa chapelão por causa do sol...
— Beto, eu não vou apontar pra não dar bandeira... Ele está bem na nossa direção, lá em cima do barranco... Toda vez que eu olho, ele se esconde.

Beto encarou o amigo e disse:

— Você está imaginando coisas... A troco de que alguém ia ficar nos observando?

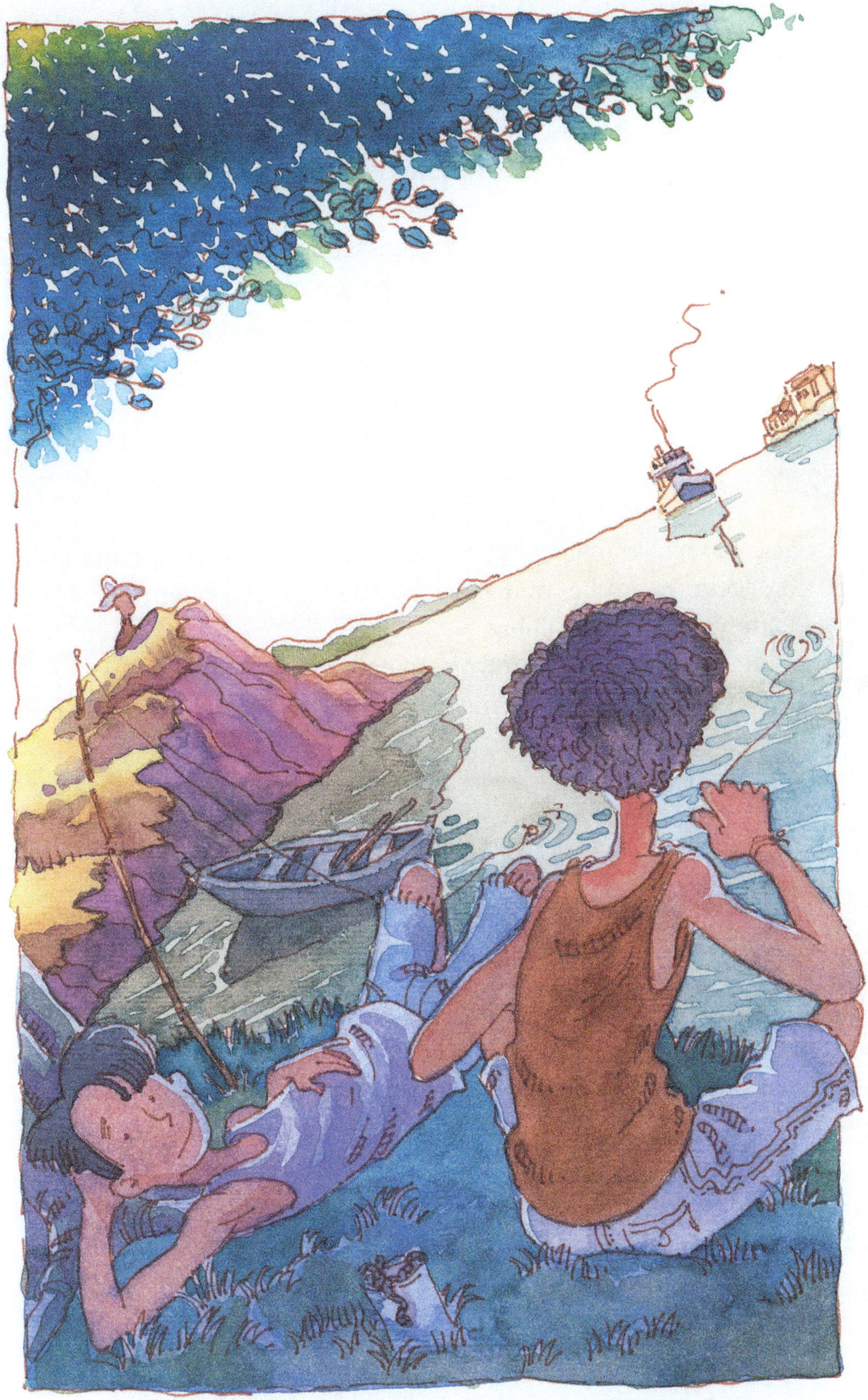

— Por que você não sobe lá e pergunta pra ele?

— Para falar a verdade, eu nem sei se tem alguém lá...

— Ele se escondeu quando eu te chamei... Espere um pouquinho que você vai ver o cara com o chapelão. Olhe!

Pela primeira vez, o companheiro levou a sério o alerta, pois, ao levantar os olhos, teve de fato a sensação de que alguém se escondia atrás da vegetação. Depois, pensando bem, tornou à sensatez.

— Marcelo, o que alguém poderia querer de dois garotos como nós? Nem as nossas roupas são grande coisa...

— Você nunca ouviu falar em sequestro, não?

— Sequestro? A gente não tem cara de quem tem pai milionário...

— Será que ele pensa da mesma maneira? Olha ele lá, de novo! Será que não é melhor chamar por socorro?

— Eu não vi mais ninguém por aqui... Mas estava reparando... A vegetação aqui é muito rala, não dá para esconder ninguém... Portanto, se a gente subir...

Marcelo encarou o amigo com os olhos arregalados:

— Beto, você está falando de subir o barranco e passar por onde ele está?

— Isso mesmo. Aí, a gente fica sabendo qual é a intenção dele. Vamos agora que ele está olhando... É importante que ele entenda a nossa decisão.

— Olhe, Beto... Eu não sei se é uma boa ideia, não.

— E você prefere ficar aqui até escurecer?

— Está bem... Lá está ele de novo... Ah, isso não vai acabar bem...

Enquanto recolhia o material de pesca e guardava a lata de iscas, Beto prestava atenção no local de onde o vulto aparecia. Daquela vez, Marcelo tinha razão. Não havia dúvida de que alguém estava bisbilhotando. Ele mostrava a cabeça e tão logo era percebido se escondia.

— Vamos, Marcelo... Nós somos dois e ele está sozinho. Qualquer problema, um sempre vai conseguir escapar e pedir ajuda, certo?

— Certo.

— Então, vamos.

Beto falou e iniciou a subida. Marcelo, morrendo de medo, acompanhou-o, procurando manter-se bem próximo. O vulto mostrou-se por mais tempo, percebendo talvez a manobra dos garotos, e então desapareceu atrás do mato. Os dois subiram com cuidado, evitando ser surpreendidos. A cada passo, vasculhavam por entre os arbustos. E chegaram à parte superior do terreno sem ver ninguém.

— Engraçado... Não tem ninguém... — comentou Beto.

— Será... Será que era um fantasma?

— Ora, Marcelo... Se o cara não está aqui, é porque foi embora.

— Bem, talvez seja melhor assim... Vamos voltar para a escola.

Os dois tomaram a direção da escola, um tanto ressabiados, porque não havia ninguém no caminho a quem pudessem pedir ajuda em caso de necessidade. Por outro lado, havia lugares onde o sujeito poderia muito bem se esconder e preparar uma tocaia.

De repente, Marcelo chamou a atenção do companheiro:

— Beto, olhe aquela casa...

— O que tem?

— O que tem? Aquilo parece casa mal-assombrada!

— Você está exagerando... É uma casa simples...

À medida que andavam, foram se distanciando da casa, fazendo uma espécie de arco. Mas, então, Beto resolveu dar uma olhada no casebre rústico de portas e janelas abertas.

— Esta vendo? É uma casa comum, simples... E está vazia; o dono deve andar por aí...

— A gente sabe muito bem onde anda o dono...

Com os olhos presos na casa, não perceberam a aproximação do homem com longas barbas e chapelão na mão.

— Vocês precisam de alguma coisa? — perguntou ele.

— Eu... eu... Nós...

— Vamos embora, Beto.

O homem colocou então o cajado de madeira à frente e avançou na direção deles.

10
Onde mora o conhecimento

Beto e Marcelo só não saíram em disparada porque suas pernas fraquejaram. Ou, quem sabe, perceberam a triste realidade antes que conseguissem correr. O homem de barbas — devia passar dos 50 anos — mancava de uma perna, razão pela qual usava o cajado de madeira como apoio.

Não se tratava de uma arma, e o homem não investia contra eles. Ao contrário, entrou na casa e voltou com uma moringa cheia de água e uma caneca de alumínio.

— Devem estar com sede...

— Eu... Eu estou... — Consentiu Beto, se aproximando para pegar a caneca.

Debaixo daquele sol intenso, a água fresca da moringa de barro parecia um prêmio que eles não mereciam. Como podiam ter pensado mal daquele homem?

— Vocês não querem entrar um pouco... Descansar na sombra...

Marcelo olhou para o companheiro, com a desconfiança querendo renascer. O outro ignorou os sinais nos olhos do amigo.

— O sol está muito forte mesmo. A gente não está acostumado...

Entraram e, conforme haviam visto pela janela, o cômodo maior, que fazia as vezes de sala, tinha uma mesa muito simples no centro e um banco de madeira ao lado. Os amigos ocuparam o banco, e o dono da casa se acomodou junto à janela. Beto serviu-se de água novamente e elogiou:

— Com um sol desse, tudo que a gente precisava era de um pouco de sombra e um copo de água...

O homem respondeu em sinal afirmativo com a cabeça. E, como se abrisse um novo intervalo, Beto começou:

— A gente estava lá embaixo pescando... O senhor deve ter visto...

Marcelo cutucou o amigo por baixo da mesa, considerando talvez as palavras perigosas. O homem respondeu novamente com um gesto positivo. Então, colocou sobre a mesa o chapelão que segurava na mão e falou:

— Eu estava mesmo reparando em vocês... No começo, fiquei um pouco desconfiado...

— Desconfiado? Desconfiado de nós? — estranhou Marcelo.

— Aquele barco que estava preso na margem é meu... E, desde que o velho Chico se transformou nesse marzão de água, muita coisa mudou... muito barco desapareceu...

— Quem é o velho Chico? — indagou Marcelo, ainda um pouco trêmulo.

— É o rio São Francisco — respondeu o homem, sorrindo para o garoto.

— O senhor pensou que a gente...

Marcelo começou, mas Beto não o deixou terminar:

— Deve ter muita gente estranha por aqui...

— Iche! Antigamente, a gente conhecia cada morador. Agora, ficou tudo mudado... Mas vi logo que vocês eram dois meninos e não tinham intenção de mexer no barco...

— Mas o senhor ficou nos olhando... — insistiu Marcelo.

— Bom, eu pensei em descer e dizer que ali não tem peixe... Não adianta jogar linha, anzol, isca... Mas vocês pareciam gostar da sombrinha dos arbustos...

Beto olhou para o amigo, o outro baixou a cabeça. O homem prosseguiu no mesmo tom:

— Os meninos estão participando dessa olimpíada, né?

— O senhor ouviu falar?

— Ouvi. Até queria assistir algum jogo. Mas essa perna não ajuda...

— O que houve com a sua perna, seu... seu...

— O meu nome é Expedito... Quando soltaram as águas e inundaram Xique-Xique e outras cidades aí pra baixo, eu trabalhei na reconstrução... Era pedreiro... Foi quando caiu uma caixa cheia de cimento na minha perna.

Os garotos ficaram olhando para a perna do homem, sem dizer uma palavra. Aparentemente, o cajado era tudo o que ele tinha conseguido para ajudar com a perna.

— E os meninos vão jogar o quê?

— Eu jogo basquete... bola ao cesto...

— Sei como é... joga com a mão...

Beto confirmou com um gesto de cabeça e continuou:

— E o Marcelo é nadador... nada de costas...

— Interessante... Eu já fui bom nadador, mas agora já estou um pouco velho pra essas coisas...

Como o homem parecesse entristecido com a lembrança, Beto mudou de assunto:

— Fora isso, nós dois, mais o Mário e a Fernanda, somos do grupo de estudos de Matemática...

— Que coisa boa! Eu sempre gostei de Matemática.

— Ah, é? O senhor... O senhor estudou? — interessou-se Marcelo.

— Não, não. No meu tempo de garoto, estudo era luxo. Eu tive de trabalhar desde menino, pra ajudar no sustento da minha casa. E, desde o acidente, vivo de pescar uns peixinhos... Mas, como disse, já trabalhei muito de pedreiro de construção. O engenheiro que trabalhou na reconstrução da cidade achava que eu tinha jeito...

— O senhor aprendeu tudo na prática...

Expedito concordou e acrescentou:

— Eu tinha cabeça boa... O engenheiro falava uma vez só e eu entendia... Calculava área, volume... e muitas outras coisas.

— O senhor calculava área? — admirou-se Beto.

— E volume? — espantou-se Marcelo.

— Era o que tinha de mais fácil — devolveu o homem.

Os garotos se entreolharam com um brilho nos olhos, embora, no fundo, estivessem ainda um pouco desconfiados. Afinal, será que o homem sabia do que estava falando?

Mas Beto não se conteve:

— A gente está fazendo um trabalho de Matemática sobre perímetro, área e volume.

E Marcelo completou:

— Já calculamos o perímetro da quadra de basquete. O Beto mediu os lados da quadra com uma trena e com esses dados fizemos alguns problemas de aplicação prática, mas no cálculo das áreas estamos na estaca zero.

— Como dizia o engenheiro, não tem mistério nenhum. Vocês determinaram o perímetro usando uma trena, e o resultado foi dado em metros, que é uma unidade de medida de comprimento, concordam?

Os dois acenaram afirmativamente com a cabeça, e seu Expedito continuou:

— Agora, vocês podem medir a área dessa mesma quadra com um quadrado de um metro de lado, e o resultado será dado em metros quadrados.

Nesse momento, o velho pegou uma varinha e desenhou no chão de terra batida:

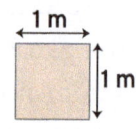

Os meninos observaram atentamente, e seu Expedito arrematou:

— Aqui vocês têm um metro quadrado que é uma unidade de área e nós representamos por 1 m².

Beto ficou ouvindo e, depois de alguns instantes, muito espantado, ponderou:

— Deixe eu ver se entendi... Eu tenho, por exemplo, um retângulo que mede 4 metros de comprimento por 3 metros de largura... O número de quadrados de um metro de lado que eu conseguir colocar dentro desse retângulo será a sua área... É isso, seu Expedito?

— Isso mesmo! Eu não disse que era fácil? Venham aqui fora um instante...

Ele saiu e os garotos o seguiram. Lá fora, com um graveto, ele riscou no chão um retângulo marcando as medidas que Beto havia proposto e, ao lado, um quadrado.

— Aqui vocês têm um retângulo... E, aqui do lado, a unidade de medida de área, um quadrado de um metro de lado ou um metro quadrado...

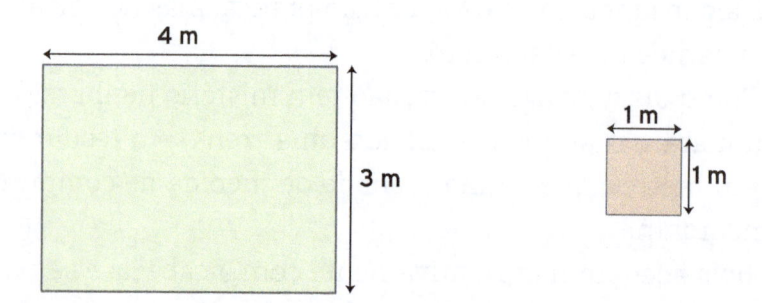

— Certo.

— Se o quadrado tem um metro de lado, e o retângulo tem 3 metros de largura, vai ficar assim...

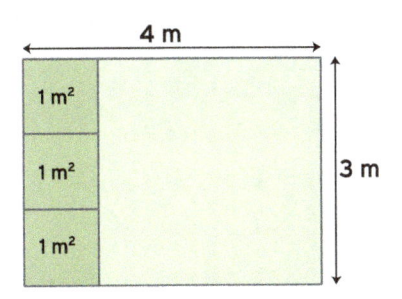

```
        4 m
┌────┬──────────┐
│1 m²│          │
├────┤          │
│1 m²│          │ 3 m
├────┤          │
│1 m²│          │
└────┴──────────┘
```

Ele falou e desenhou os três quadrados formando a primeira fileira de quadrados de um metro quadrado. E riu para os garotos, cujos olhos brilhavam diante da evidência.

— Depois de completarem a figura, contem quantos quadrados de um metro de lado vocês desenharam. O número de quadrados é a área do retângulo em metros quadrados. Eu não disse que era fácil? Aí está... É só completar.

— Puxa, Beto... Do jeito que ele fala fica fácil mesmo! Eu achava que nunca ia entender esse negócio de área!

Sorrindo, o velho Expedito sugeriu:

— Conversem com seus amigos Mário e Fernanda e tentem descobrir uma forma de calcular quantos quadrados de um metro de lado cabem no retângulo sem ter de desenhar esse retângulo.

— É verdade... Calcular área parece que ficou fácil. Difícil vai ser a gente chegar no ginásio antes das cinco... Se a gente perder o jogo da Fernanda, desconfio que é melhor mudar de equipe.

— Nem diga! Vamos lá!

Os dois se despediram do pescador e saíram correndo.

11
Uma lição inesquecível

Beto e Marcelo correram muito de volta à escola e mal tiveram tempo de entregar o material de pescaria para o zelador. Ao chegarem à quadra, as arquibancadas estavam lotadas, e as equipes já faziam o aquecimento.

— Mais um pouco e lá se vai o jogo... Já pensou?

— Marcelo, você está vendo o Mário por aí?

— Estou procurando... Imaginei que ele guardaria um lugar pra gente... mas, pelo jeito, está se escondendo...

— A quadra está lotada... Talvez ele não esteja nos vendo...

— Acho difícil... Para quem está lá em cima é muito mais fácil de ver!

Beto desistiu da discussão. Sabia que aquilo não levaria a nada. E, correndo a vista pelo alto, descobriu:

— Olhe lá em cima... Tem um lugar...

— Difícil vai ser chegar lá...

Não foi mesmo fácil, mas conseguiram. Quando já estavam sentados, Marcelo apontou:

— Beto, aquele não é o Mário?

— Acho que é... Pelo jeito, também se atrasou... — considerou e chamou: — Mário!... Mário!

Mário olhou para cima, procurou, demorou até localizar os dois colegas que balançavam as mãos para chamar sua atenção. Assim que os viu, começou a subir, o que não era fácil, pois as arquibancadas estavam praticamente lotadas. Além disso, tinha alguma coisa nas mãos, o que dificultava mais a sua subida.

— O que ele está trazendo? — perguntou Marcelo.

— Não faço a menor ideia. Será o kit de Matemática?

— Não pode ser.

Quando finalmente Mário chegou até os colegas, Marcelo o repreendeu:

— Puxa! Pensamos que você ia perder o jogo da nossa amiga! Se a gente não estivesse aqui, há quase uma hora, guardando lugar, você ia assistir de pé...

Beto baixou os olhos para não se trair. Mário tratou de se justificar:

— Sabe o que é... Eu fui... fui até o centro de informática...

— Puxa! Você é teimoso, hein?! A Fernanda não disse que era para deixar essa parte comigo?

— Você não entendeu... Não fui ao centro de informática por causa da Matemática... Fui preparar esse material...

— O que é isso?

Em vez de responder à pergunta de Marcelo, o garoto lhe entregou um cartaz de papelão com o nome da Fernanda escrito em letras maiúsculas, colado a um suporte de madeira. Entregou um segundo ao Beto e ficou com o terceiro. Então, começou a balançar o cartaz no ar, de um lado para outro, ao mesmo tempo que gritava o nome da garota.

— Fernanda! Fernanda! Fernanda!

Beto encarou o amigo, mas Marcelo deu-lhe as costas. E, um tanto encabulados, os dois também começaram a pular e a gritar o nome da amiga que estava na quadra. Era a única jogadora com torcida, mas apesar disso ela não entrou com o time titular. Também não foi preciso muito tempo para perceber que a equipe paulista não tinha condições de fazer frente à equipe de Goiás, com suas altas jogadoras.

Os três não desanimaram. Vaiavam as adversárias, pediam a presença de Fernanda na quadra, que acenava de vez em quando agradecida. Minutos depois, todo o estádio estava pedindo a presença da menina. O técnico não resistiu à pressão, colocou-a na quadra, mas o destino da partida não mudou.

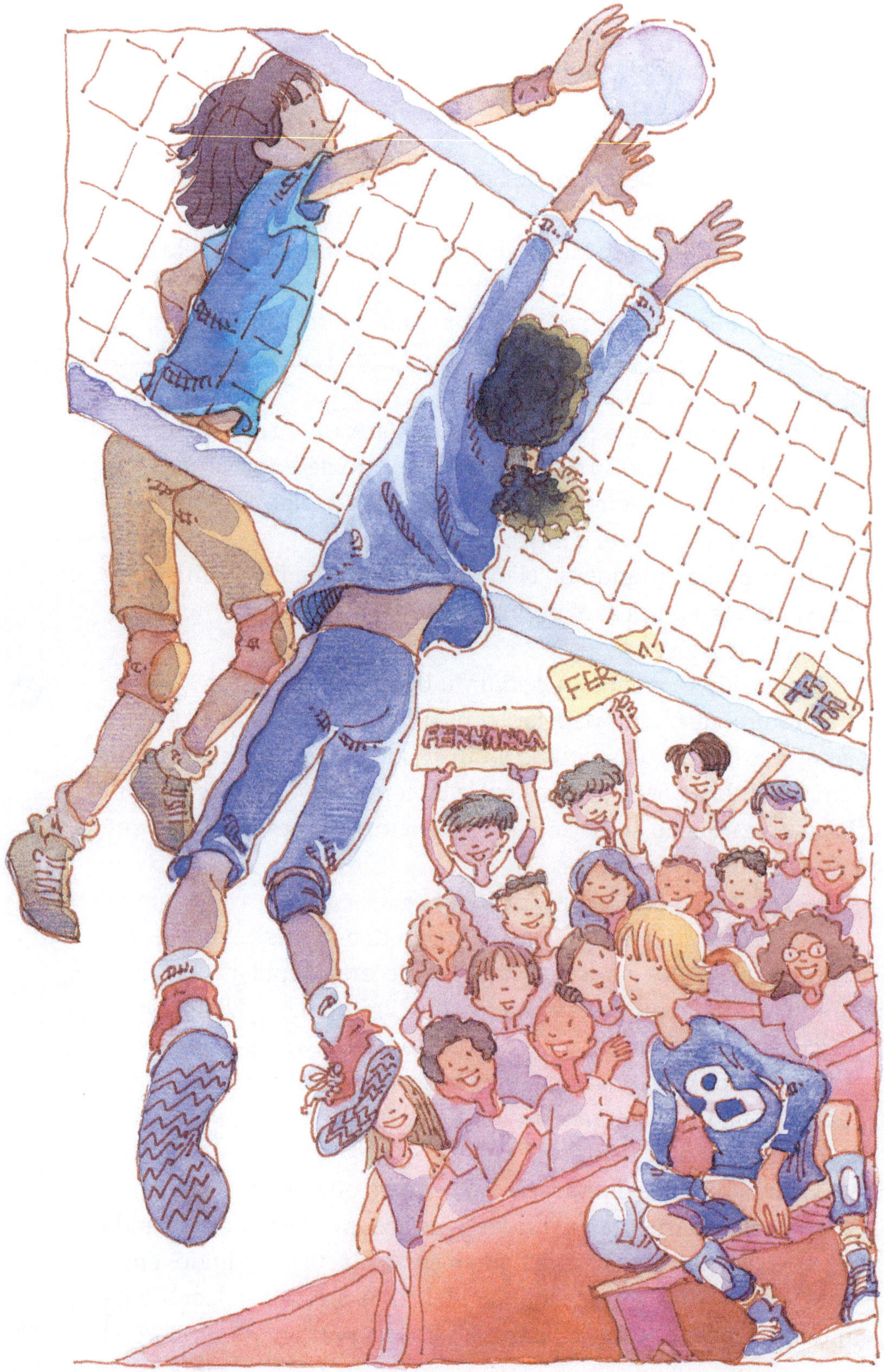
FER
FERNANDA
FE

Ao final, ela agradeceu:

— Obrigada pela força e pela solidariedade... Infelizmente, não deu...

— Deixa pra lá, Fernanda... Naquele time só salvava você...

— Não exagere, Marcelo. Eu disse a vocês que era uma jogadora regular... E as outras não são muito melhores...

Não demorou muito e a derrota no vôlei estava esquecida. Fernanda e Mário ficaram impressionados com a história de Expedito. E principalmente pela aula que ele tinha dado aos colegas sobre área.

— Quem diria... Nunca imaginei que um homem simples como o velho Expedito iria ensinar área pra gente...

— Será que está certo o que ele disse? — questionou Mário.

— Pelo que o Beto e o Marcelo disseram, ele sabia muito bem do que falava — respondeu a garota. E pediu, em seguida: — Eu só queria ver o desenho que ele fez.

— Ele desenhou no chão, mas não será difícil reproduzir — explicou Beto. — Vamos para a biblioteca que eu já mostro.

Na biblioteca, se instalaram numa mesa de canto, mais isolada. Cada um pegou o material necessário no próprio kit, e Beto começou a reproduzir no papel o desenho que seu Expedito tinha feito no quintal de sua casa.

Em pouco tempo, estavam prontos o retângulo e o quadrado com suas respectivas medidas.

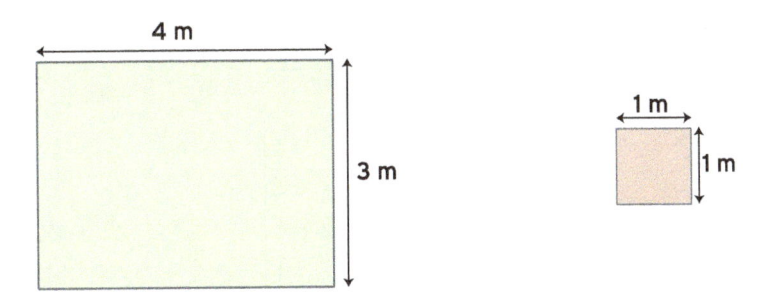

— Então ele disse que, para medir em metros quadrados, nós usamos a unidade metro quadrado... Ou seja: um quadrado com um metro de lado.

— Descobrir a área significa descobrir quantos quadrados de

um metro de lado cabem dentro da figura — acrescentou Marcelo, lembrando da conversa com o velho Expedito, que para eles foi uma verdadeira lição.

Enquanto o amigo falava, Beto começou a preencher o retângulo com os quadrados de um metro de lado. Parou ao completar a primeira fileira e falou:

— Como temos 3 metros de largura, cabem 3 quadrados de um metro de lado... ou 3 metros quadrados ou 3 m².

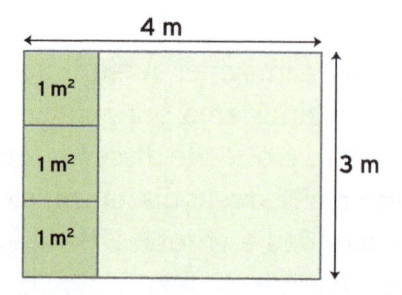

— Certo — concordou Fernanda. — Agora, é só colocar os quadrados referentes à segunda fileira...

— E assim por diante até encher a figura do retângulo com quadrados de um metro de lado — completou Mário.

Enquanto os companheiros entendiam o raciocínio e faziam comentários, Beto ia desenhando e preenchendo a figura. A operação era um tanto cansativa. Fernanda percebeu e se ofereceu:

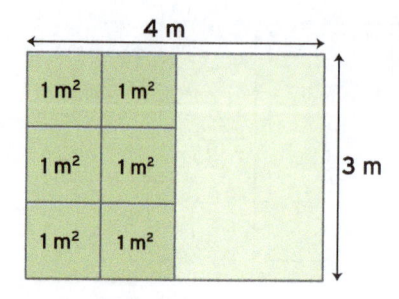

— Quer que ajude a desenhar os quadrados? Você já deve estar cansado disso...

— Não se preocupe, Fernanda, está quase pronto. Veja só:

4 m
1 m²	1 m²	1 m²
1 m²	1 m²	1 m²
1 m²	1 m²	1 m²

(3 m)

Diante daquela proposta de ajuda, Mário, que observava a operação, considerou:

— Eu acho que existe uma maneira mais prática de fazer esse cálculo, sem precisar desenhar quadrado por quadrado...

— Como, se a unidade de medida é o quadrado com um metro de lado? — perguntou Marcelo.

Mário prosseguiu com o seu raciocínio:

— Ora, se cada fileira tem 3 quadrados, para saber quantos quadrados terão nas 4 fileiras, basta multiplicar 3 por 4, assim teremos 12 quadrados de um metro de lado ou 12 metros quadrados.

Beto aprovou e registrou:

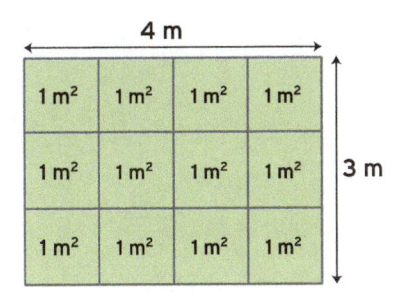

4 m
1 m²	1 m²	1 m²	1 m²
1 m²	1 m²	1 m²	1 m²
1 m²	1 m²	1 m²	1 m²

(3 m)

Área = 3 metros x 4 metros
Área = 12 metros quadrados
ou
A = 3 m x 4 m = 12 m²

— É isso aí... A área desse retângulo é 12 m² — concluiu Marcelo.

Fernanda também aprovou os cálculos e acrescentou:

— Eu acho que esse procedimento pode ser usado sempre... Quer dizer, para calcular a área de um retângulo, a gente multiplica a medida do comprimento pela medida da largura.

E Mário complementou:

— É isso aí, pessoal, é o mesmo que dizermos que a área do retângulo é produto das medidas da base (b) pela altura (a).

— Isso mesmo — concordou Beto, anotando em seu diário:

$$A = b \times a$$

Fernanda olhou para os amigos e sorriu:

— Pessoal, tive uma ideia! Podemos calcular a área da quadra de basquete onde o Beto joga. E assim temos mais um problema de aplicação para o nosso trabalho.

A área de um retângulo, cuja base (ou comprimento) mede b e cuja altura (ou largura) mede a é dada por A = b × a.

— Ótimo! — comemorou Mário.

— Esperem um pouco. Vou até a sala de informática — Marcelo saiu e voltou em seguida com uma cópia da ilustração que tinha feito da quadra.

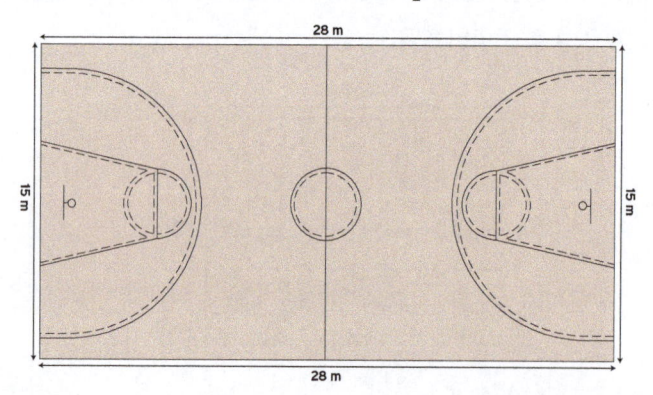

E, então, começaram a calcular a área da quadra enquanto Beto registrava os cálculos:

$$A = b \times a$$
$$A = 28 \text{ m} \times 15 \text{ m}$$
$$A = 420 \text{ m}^2$$

— A área dessa quadra de basquete é igual a 420 metros quadrados — os amigos comemoraram mais um problema resolvido e decidiram descansar um pouco.

12
Provas e mais provas

Na manhã seguinte, aconteceriam as provas de atletismo. E elas seriam muito puxadas, pois se realizariam quase todas ao mesmo tempo, sobrando apenas os classificados para as semifinais. Nesse caso, principalmente os atletas como Mário, que competiam em mais de uma modalidade, ficavam prejudicados. Foi o que aconteceu, e os resultados do atletismo não foram melhores que os do vôlei.

Ao ficar fora das semifinais, na prova dos 100 metros rasos, Mário pareceu não se importar muito.

— Também com aqueles concorrentes, acho que cheguei longe demais... Mas ainda tenho esperança na prova dos 800 metros...

— Vamos torcer por você — prometeu Fernanda, esfregando as mãos.

Antes, porém, de competir na prova dos 800 metros, Mário foi para o local onde participaria dos saltos em altura. E aí, sua sorte mudou. Após um salto apenas regular na primeira prova, ao realizar a segunda tentativa, sentiu um problema na coxa.

Atendido pelo médico, teve a má notícia:

— Sinto muito, mas você está fora da competição. A contusão não é grave, mas pode piorar se forçar o músculo.

— Essa, não! Eu vim à Bahia por causa do atletismo... — Mário parecia desolado.

— É uma pena, mas você deve ficar fora — repetiu o médico.

Enquanto o garoto era atendido, e sua perna enfaixada, os amigos ficaram à sua espera, junto às pistas de atletismo.

Observando o local e os atletas, Marcelo comentou com os amigos:

— Os atletas saltam e ao retornarem ao chão são protegidos por uma grossa camada de areia.

— E daí? — perguntou Beto.

— E daí que o tanque de areia e a superfície onde os atletas caem têm a forma de um quadrado... Será que a fórmula para calcular áreas retangulares funciona também para as áreas quadradas?

— Boa pergunta — devolveu Fernanda. — O que você acha, Beto?

— Bom, a primeira coisa a fazer seria medir o lado do quadrado...

— Mas nós não trouxemos a trena nem material para calcular... — lembrou Marcelo. — Podemos voltar depois e fazer as medições.

Beto não ouviu a sugestão do companheiro. Levantou-se e foi até o local da prova de salto em altura e, com passadas largas, mediu as pequenas muretas que formavam um quadrado.

— Você encontrou a medida? — interrogou Marcelo, ao final.

— Pode não estar exata, mas é com certeza uma medida próxima da real.

— Quanto deu? — perguntou Fernanda.

— Mais ou menos 6 metros de lado.

— Tudo bem. Depois do almoço, a gente pega o material e mede.

Enquanto conversavam, Mário finalmente foi liberado. Deixou o ambulatório improvisado na pista com a perna direita imobilizada e um pequeno salto no calcanhar para ajudá-lo a pisar. Assim que o viram, os amigos foram ao encontro dele.

— Você queria tanto correr e o problema agora vai ser andar... — brincou Marcelo.

— Nem fale. Enquanto o enfermeiro enfaixava minha perna, já estava pensando nisso. Não vai ser fácil, não.

— É uma pena. Você deu azar — comentou Beto.

— Isso também faz parte das práticas esportivas.

— Mas vai ter muito tempo para vencer outras provas — falou Fernanda, tentando consolá-lo.

— Quem sabe, da próxima vez, tenho mais sorte.

Após o almoço, eles se reuniram na famosa mesa de canto da

biblioteca, para tentar resolver a questão da área do quadrado. Fernanda explicou para Mário a questão levantada por Marcelo, enquanto Beto se antecipava e desenhava o hipotético tanque de areia.

— Este é o tanque de areia... — mostrou ele, rindo.

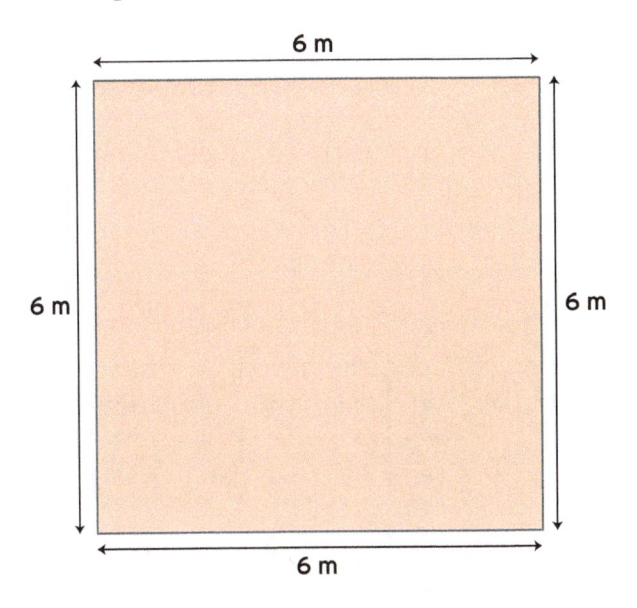

— Eu acho que a questão não é tão complicada quanto parece... — refletiu Fernanda, enquanto Beto enchia a figura com os quadrados de um metro de lado.

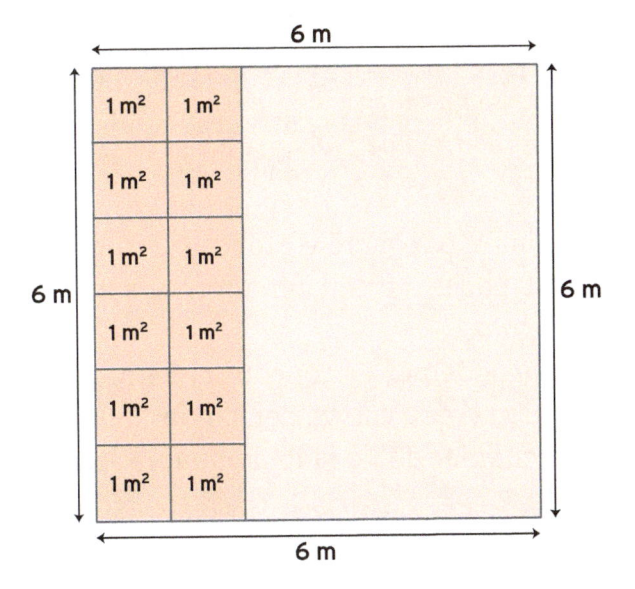

— Não há nenhuma diferença em relação ao retângulo — observou Marcelo, enquanto Beto construía o desenho. — Se temos 6 fileiras e cada fileira tem 6 quadrados, para sabermos o total de quadrados basta multiplicar 6 por 6. Assim, teremos 36 quadrados de um metro de lado ou 36 metros quadrados.

— Então, para calcular a área do quadrado, a gente multiplica a medida de um lado pela medida do outro — completou a garota, com os olhos brilhando.

Beto concordou com um aceno de cabeça e registrou, logo abaixo da figura desenhada:

$$A = 6\,m \times 6\,m$$
$$A = 36\,m^2$$

Marcelo examinou o registro e propôs:

— A partir daí, podemos tirar uma fórmula, como fizemos no cálculo do retângulo...

— Eu acho que podemos — concordou Beto.

E Fernanda falou o que estava pensando:

— Se a gente chamar de ℓ o lado do quadrado, a sua área será igual a ℓ vezes ℓ...

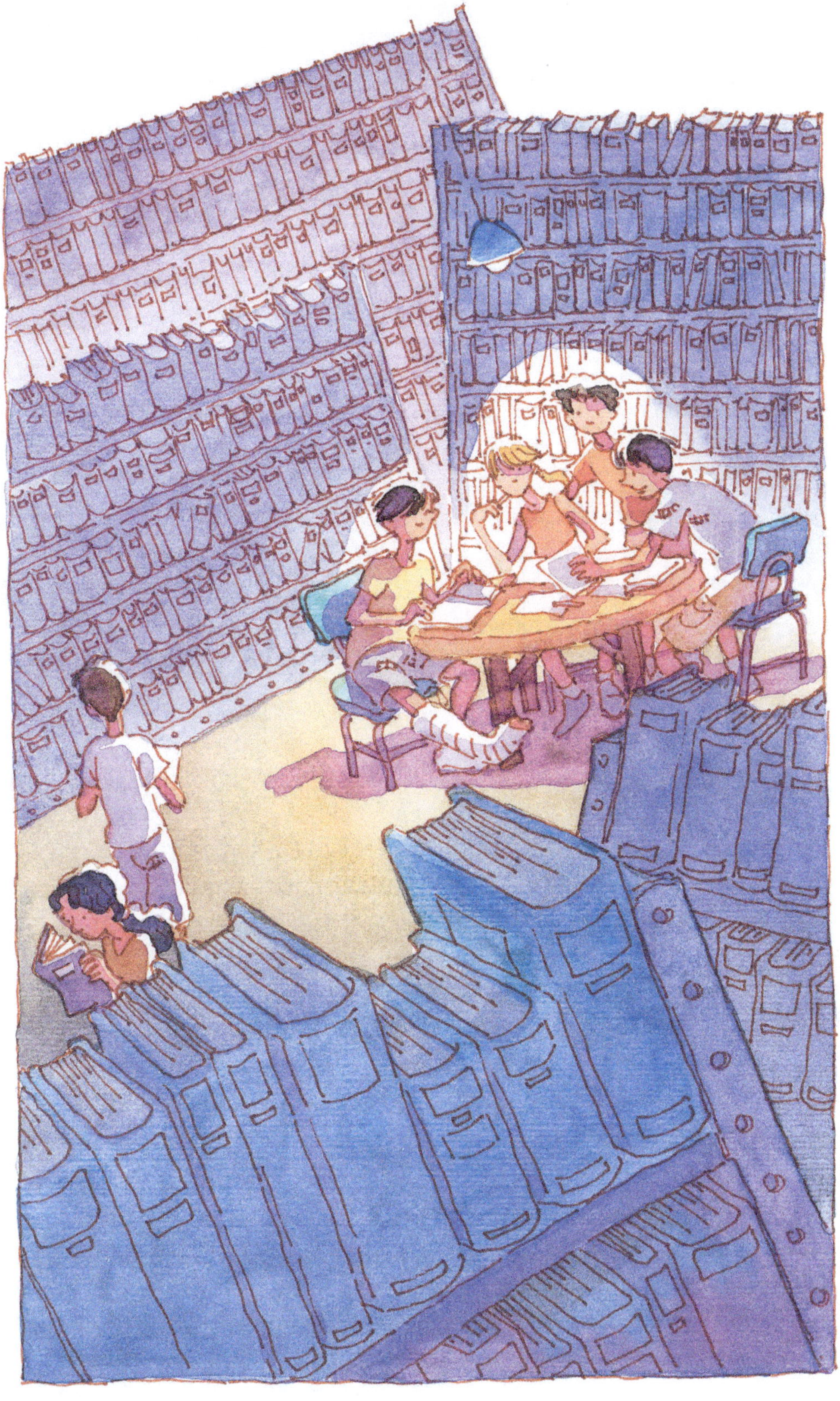

Beto ouviu e registrou no papel, abaixo da figura do quadrado que havia desenhado.

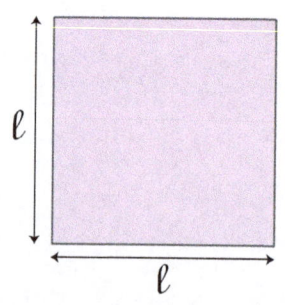

$$A = \ell \times \ell$$

E Mário completou:
— Ora, ℓ vezes ℓ é igual a ℓ ao quadrado!
— É isso aí! — concordou Beto.
E registrou logo abaixo:

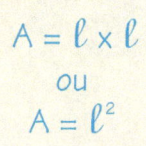

$$A = \ell \times \ell$$
$$\text{ou}$$
$$A = \ell^2$$

A área de um quadrado de lado ℓ é dada por $A = \ell \times \ell$ ou $A = \ell^2$.

— Está certo! Nós somos os maiores! — gritou Marcelo, entusiasmado.

Imediatamente, a bibliotecária chamou a sua atenção:

— Aqui não pode falar alto. Todas essas pessoas estão com questões sérias para resolver.

— Todas essas pessoas, incluindo nós — devolveu o garoto. — Eu só estava festejando...

Resolveram, então, sair para espairecer um pouco. No jardim, Fernanda parou e ficou olhando para os canteiros de flores.

— Parece que a Fernanda viu alguma coisa interessante naquelas flores... — comentou Beto.

— Viu nada! Como toda garota, ela é romântica, gosta de flores, só isso!

Eles se aproximaram da garota, e Beto perguntou:

— O que foi, Fernanda? Está admirando as flores?

— Para falar a verdade, estou admirando aqueles canteiros.

— Os canteiros? O que eles têm de tão interessante?

— Ah, você não vê nada, não?!

Ele balançou a cabeça. Nada lhe chamava a atenção nos canteiros. Então, Fernanda virou-se para ele e falou:

— Vamos, me digam como é que a gente colocaria os quadrados de um metro de lado dentro daquelas figuras formadas pelos canteiros.

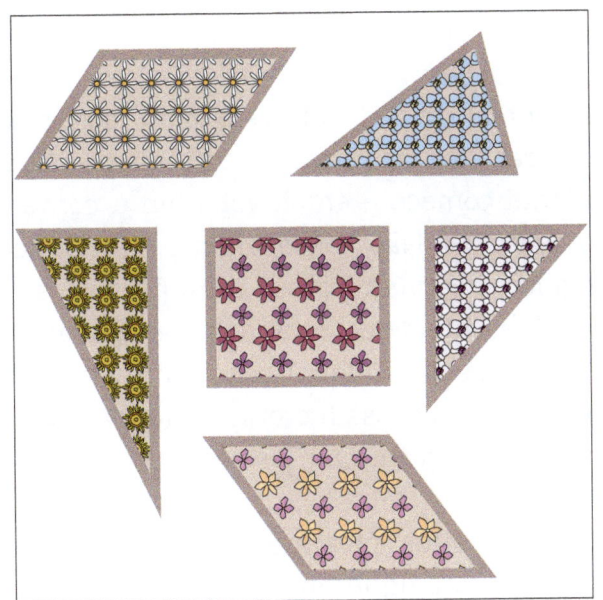

Marcelo pensou, pensou, mas engoliu a resposta. Se é que encontrou alguma. Beto, igualmente confuso diante daquelas formas, não sabia o que dizer. Por fim, comentou:

— Fernanda, os canteiros com três lados têm forma triangular, mas não consigo me lembrar o nome da forma dos outros canteiros... Você se lembra?

— Do nome eu me lembro: paralelogramo. O difícil é colocar o quadrado naquele "bico".

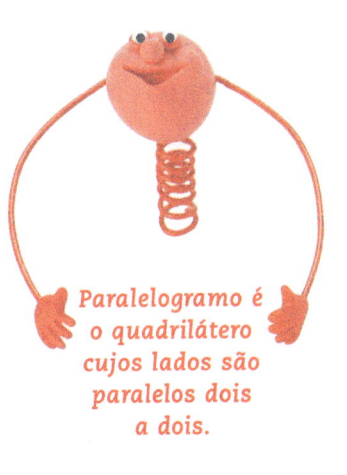

Paralelogramo é o quadrilátero cujos lados são paralelos dois a dois.

13
O segredo dos canteiros

No dia seguinte, logo cedo, Marcelo "caiu" na piscina e conseguiu se classificar para as provas semifinais no nado de costas. Foi um excelente começo e então voltaram a conversar sobre a questão dos canteiros. Não conseguiam pensar numa forma de encher triângulos e paralelogramos com quadrados. Devia haver uma maneira diferente de calcular as áreas dessas figuras.

— Sabe o que eu acho... Vamos procurar o professor Graziani. A gente está indo atrás dessa história de quadrado de um metro, que o amigo de vocês inventou... E se estiver tudo errado? Se não for nada disso?

Os três companheiros encararam Mário, mas não conseguiram abrir a boca. De qualquer maneira, a sugestão de procurar o professor parecia boa, principalmente porque não conseguiam pensar em nada para resolver a área daquelas estranhas figuras.

— Vamos lá! — concordou Marcelo. — Pelo menos, a gente tira a dúvida.

— Tenho certeza dos nossos cálculos... Mas concordo com vocês — considerou Fernanda.

E foram. O professor Graziani examinou demoradamente os papéis com os desenhos, medidas e cálculos. Sua expressão, no entanto, nada revelava. Impossível adivinhar o que se passava na cabeça dele. Os jovens, menos seguros, já começavam a ficar preocupados. Mas quando o orientador falou, perceberam que haviam se preocupado à toa.

— Muito bem, garotada! Até aqui, fizeram tudo correto, bem explicado, além de uma apresentação impecável.

— O trabalho é resultado do conjunto, do grupo... Mas, quanto à apresentação, é mérito do Marcelo...

— Parabéns então ao Marcelo e aos demais.

Um olhou para o outro, sem coragem de se adiantar. Na indecisão, Fernanda arriscou:

— O senhor não falou nada dos canteiros... Os triângulos e os paralelogramos...

— A questão não está nem encaminhada... O que vocês querem que eu diga?

— A gente não sabe por onde começar... Como colocar os quadrados nessas figuras...

O professor examinou de novo a figura e, abrindo os braços, observou:

— A única coisa que eu posso dizer é que vocês estão no caminho certo... Se não há uma maneira de colocar os quadrados nessas figuras como estão, vão ter de dar um jeito de encaixá-los... Mas o caminho é o mesmo.

Ao saírem da sala do professor Graziani, se sentiam desanimados. No entanto, tinha ficado claro que a base do cálculo estava correta. Portanto, estavam no caminho certo.

— Eu já sei o que nós vamos fazer... — falou Beto.

— Você descobriu como resolver a questão? — animou-se a garota.

— Não... Mas sei quem pode nos ajudar...

— Você está falando do Expedito? — indagou Marcelo.

Mário reagiu com uma careta de descrédito. Beto percebeu e reagiu:

— O problema é que o Mário não vai poder ir até lá... Mas, se não tiver nada contra, nós vamos e na volta passamos a lição...

— Se conseguirem alguma coisa...

Logo após o almoço, foram parar na velha casa do pescador. Ele não estava, porém não demorou mais que cinco minutos para aparecer. Os dois que haviam estado na casa apresentaram a amiga, e ela ficou bem impressionada com o homem.

— O que o senhor nos ensinou ontem nos ajudou muito. O problema é que encontramos umas figuras de formas diferentes e não sabemos o que fazer — adiantou Beto.

— Se já sabem calcular a área do retângulo e a do quadrado, vai ser fácil... O processo é parecido...

— Foi o que o professor Graziani disse, mas não sabemos como colocar os quadrados dentro dessas figuras... — explicou Fernanda.

O homem observou as figuras mais um pouco e, então, começou a falar:

— Quando eu comecei a trabalhar com o engenheiro... aquele de quem falei ontem... tive um problema parecido... A construção era formada por uma figura como essa...

— Um paralelogramo?

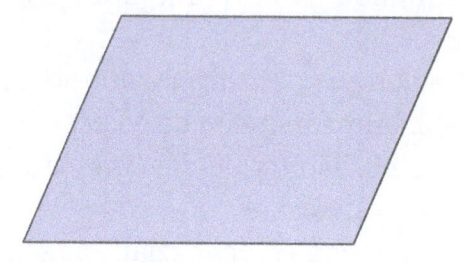

— É — seu Expedito confirmou e perguntou: — Se você tirar esse pedaço daqui e botar ali, muda alguma coisa? — Enquanto falava, o velho Expedito ia desenhando:

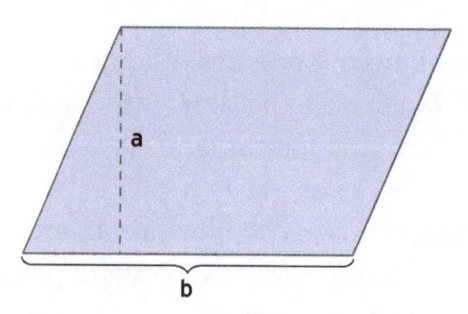

— Vejam — prosseguiu o velho —, a altura do paralelogramo corresponde a essa linha tracejada que estou representando pela letra a. E a base vou representar pela letra b. E, agora, separo esse triângulo aqui...

— ... e coloco do outro lado. Assim...

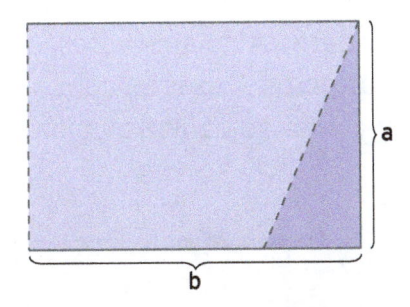

— Foi isso que o professor Graziani quis dizer... Lembram? Ele disse que tinha de encontrar um jeito de encaixar os quadrados! Aí está a mágica.

— Não é mágica — discordou o homem. — O que você tirar de um lado põe do outro. Daí que não altera a área da figura...

— Certo! E o paralelogramo se transforma num retângulo que a gente já sabe calcular — confirmou Beto.

— E, em se tratando de retângulo, já sabemos que a sua área vai ser o resultado da multiplicação das medidas da base pela sua altura. O produto dessa multiplicação é a área.

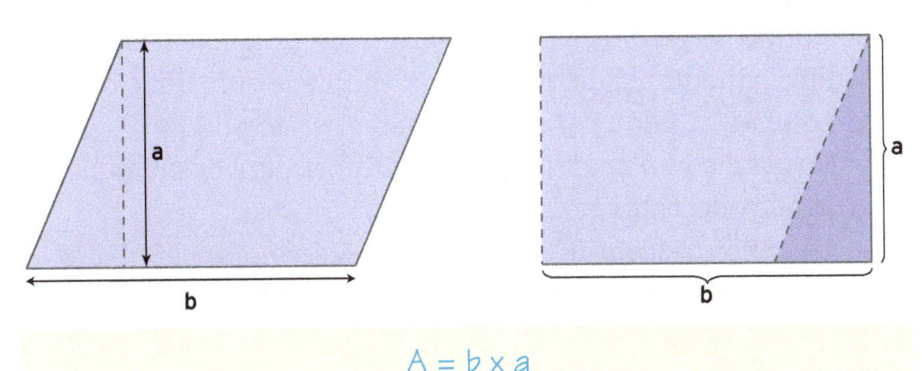

$$A = b \times a$$

— Não há dúvida! — interveio Fernanda. — O problema do paralelogramo está resolvido.

Seu Expedito riu de satisfação e falou:

— Eu não disse que era fácil?

— Agora ficou! — corrigiu Marcelo.

— Isso é assim mesmo. Essa coisa também não entrava na minha cabeça. Aí, eu vi o engenheiro transformando uma figura na outra e fiquei até bobo. Como era fácil!

Fernanda ouviu atentamente o que seu Expedito falava. Depois, consultou sua caderneta de anotações, onde havia registrado as medidas dos canteiros. E, então, com a ajuda dos amigos, desenhou e calculou a área do canteiro cuja forma era um paralelogramo.

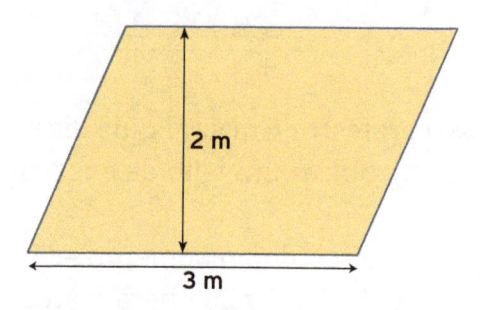

$$A = b \times a$$
$$A = 3 \text{ m} \times 2 \text{ m}$$
$$A = 6 \text{ m}^2$$

— A área do canteiro é igual a 6 m² — Beto sorriu, satisfeito.

Enquanto os garotos estavam entretidos com os cálculos, seu Expedito esquentou água no fogão a lenha e fez um delicioso café. E, ao servi-lo, falou como quem não queria nada:

— No começo, eu apanhei mesmo. Depois, para calcular a área do triângulo, descobri sozinho...

— O senhor descobriu? — interrogou Marcelo, encabulado.

— Descobri... — Mas nem era vantagem. Ele já tinha dito como fazer...

— Transformar uma figura na outra — repetiu Fernanda.

E, ao mesmo tempo que falava, ela passou uma linha, dividindo o paralelogramo.

— Você transformou o paralelogramo em dois triângulos... E daí? — perguntou Marcelo.

— Daí que o paralelogramo foi dividido em dois triângulos com áreas iguais... Não é isso que está aqui? A área de um triângulo vai ser igual à metade da área do paralelogramo. Não está certo, seu Expedito?

O homem riu acanhado e consentiu:

— Eu disse que não tinha dificuldade nenhuma.

Enquanto eles falavam, Beto desenhava, riscava e anotava. Depois de algum tempo, escreveu embaixo da figura:

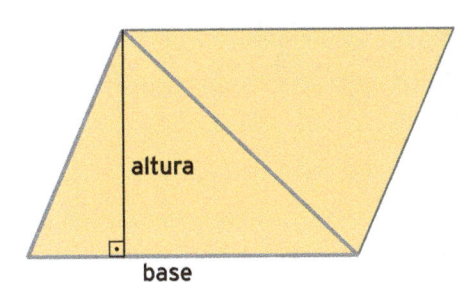

Área do triângulo

$$A_\triangle = \frac{\text{Área do paralelogramo}}{2}$$

— Ou seja, considerando a base medindo b e a altura medindo a, temos:

$$A_\triangle = \frac{b \times a}{2}$$

Em seguida, começaram a pensar numa série de aplicações. E não havia como errar, pois descobriram a fórmula pelas aplicações práticas.

O desenho do triângulo chamou a atenção do dono da casa:

— Esse triângulo o que representa?

— É o alpendre da sua casa, seu Expedito — respondeu Fernanda. — Ele mede 4 metros na base e 2,5 metros de altura. Portanto, a sua área vai ser 4 metros multiplicado por 2,5 metros e dividido por 2... O cálculo está aí...

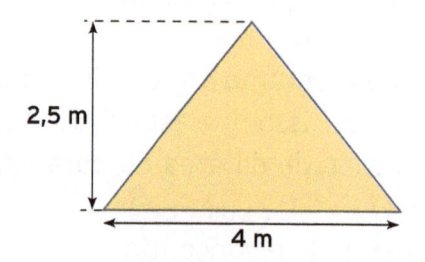

$$A = \frac{b \times a}{2}$$

$$A = \frac{4\,m \times 2,5\,m}{2} = \frac{10\,m^2}{2} = 5\,m^2$$

Logo: $A = 5\,m^2$

— Cinco metros quadrados... Vejam vocês... — comentou o homem. — Eu tenho essa casa há quase vinte anos e nunca medi a área do alpendre...

— Agora, o senhor já sabe...

— Já... Graças a vocês... — brincou ele.

14 E os volumes como ficam?

Fernanda acordou numa animação só. Ainda não conseguia acreditar que uma pessoa como seu Expedito, vivendo sozinho naquele lugar, tinha aprendido tanto e ainda ensinava os outros. E a animação cresceu após o final da partida de basquete com a vitória do grupo paulista. E Beto foi o destaque da partida, sem problemas de disciplina, sendo o cestinha.

— Parabéns, Beto!

— Ah, eu precisava me redimir, né? Aquela expulsão logo no primeiro jogo não me saía da cabeça.

— Bobagem! Por mim, você já havia se redimido com sua participação decisiva na Matemática... Mas agora, saindo da partida como o cestinha, ninguém tem mais o que censurar.

— Obrigado, Fernanda. Esse jogo serviu para me deixar um pouco mais aliviado.

— Eu tenho um palpite que você, com o basquete, e o Marcelo, com a natação, vão até o fim...

Beto gostou de saber que a amiga estava confiando nele. No entanto, sabia que cantar vitória antes da hora não ajudava nada. Nem ele gostava disso. O que tivesse de ser, seria. Pensou e falou o que realmente o preocupava:

— Por falar em palpite, acho que a gente só vai conseguir resolver a questão dos volumes, voltando lá pra beira do lago e falando com seu Expedito...

Mário, que vinha se sentindo excluído por estar fora das provas de atletismo e não poder caminhar até a casa do sábio pescador, ficou ainda mais desanimado com o rumo da conversa. Beto percebeu, fez uma tentativa de corrigir, porém, a garota não lhe deu tempo.

— Hoje, quando ia para o café, vi um grupo de funcionários discutindo sobre a caixa-d'água que abastece a escola... E um deles disse que o seu volume era igual a 12 metros cúbicos.

— Eu acho que tem alguma lógica — intrometeu-se Marcelo. — Se a gente mede perímetro com o metro, área com o metro quadrado, o volume deve ser medido com o metro cúbico...

— E, se a lógica estiver certa, a unidade de medida, metro cúbico, seria um cubo de um metro de comprimento por um metro de largura e um metro de altura — completou Fernanda.

— Seria um dadão — brincou Marcelo.

Fernanda percebeu que Beto estava um tanto alheio e o chamou de volta à realidade:

— Beto... Você ouviu o que a gente disse?

— Claro, claro. Prestei atenção em tudo. Aliás, eu tenho alguns dadinhos lá no alojamento. São de um jogo que eu trouxe. Se quiserem dar uma conferida...

— Boa ideia! Vamos lá.

Na verdade, ele tinha um jogo completo de dados, que serviam a vários tipos de jogos de mesa. No geral, eram jogos contendo espaços com direito a avanços e bloqueios e voltas, conforme os números conseguidos com o lançamento dos dados.

— Deixe eu ver... — Fernanda jogou o dado e conseguiu o quatro. — Com o quatro, eu avanço quatro casas e chego à catapulta, que me atira mais cinco casas à frente... É divertido esse jogo...

— Também quero jogar — pediu Marcelo, sempre brincalhão. Atirou o dado e esperou ansioso que ele parasse: — Seis! Eu sou o rei desse jogo! Avanço seis casas de cara... — E, então, Marcelo pegou uma régua e mediu o comprimento, a largura e a altura de um dos dados. Soltou um longo suspiro e comentou: — É como eu imaginava...

Os amigos se entreolharam sem entender nada. Em seguida, Mário perguntou:

— Imaginava o quê?

— As medidas do comprimento, da largura e da altura desse dado são iguais a 1 centímetro e todas as suas faces são quadrados — explicou Marcelo.

— Para mim, isso não diz nada — disse Beto.

— Continue, Marcelo — interveio Fernanda, morta de curiosidade.

— O mesmo *site* em que eu descobri o que era perímetro também tinha outras informações sobre Geometria com ilustração e eu anotei tudo. Vejam — ele abriu o caderno e mostrou aos amigos.

Cubo é um paralelepípedo retângulo cujas seis faces são quadrados.

— Já entendi! — exclamou Fernanda. — O nosso dado é um cubo.

— Isso mesmo — confirmou Marcelo. — E o mais importante é que o volume do cubo é obtido pela multiplicação das medidas do comprimento, pela largura e pela altura. Vejam o que eu anotei:

Volume do cubo = comprimento x largura x altura

— Vamos ver como fica no caso desse dado que também é um cubo — sugeriu Mário, fazendo as seguintes anotações.

- Volume do dado =
  1 centímetro x 1 centímetro x 1 centímetro
- Volume do dado =
  1 centímetro cúbico

ou

- $V = 1 \text{ cm}^3$

— Maravilha — gritou Fernanda.

Beto, que ainda pensava no próximo jogo, disfarçou, e fingindo interesse, perguntou:

— E qual é a unidade de volume?

Fernanda imediatamente respondeu:

— Neste caso, é o centímetro cúbico que representamos por cm³.

Beto, para mostrar que estava por dentro do assunto, reforçou:

— Entendi, se as medidas do comprimento, da largura e da altura dos dados fossem iguais a um metro, o volume seria um metro cúbico, e representaríamos por m³, outra unidade de volume.

— Viva! Você está melhorando, Beto — falou Mário em tom de gozação.

Beto sorriu e começou a guardar os dados em uma caixinha de plástico transparente.

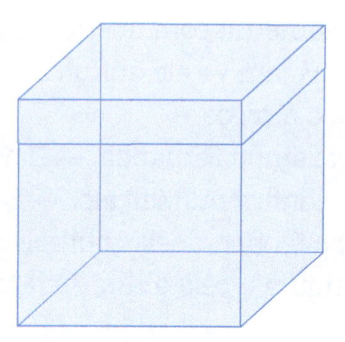

Subitamente, ele soltou um grito:

— Uau!!!

Os colegas o olharam assustados, e Fernanda perguntou:

— O que aconteceu, Beto?

— Olhem bem para esta caixinha... Ela também tem a forma de um cubo. Observem — Beto começou a guardar os dados de novo, colocando quatro deles numa primeira camada.

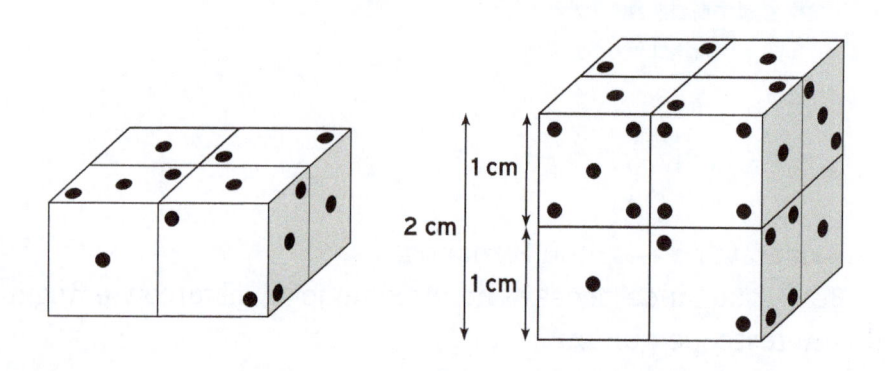

— Olhe só, pessoal... Cada camada tem 2 × 2 dados. Logo, duas camadas terão 2 × 2 × 2 dados ou 8 dados. Agora eu entendi o que o Marcelo leu no *site* da Internet.

— O que foi mesmo, Beto? Eu não me lembro — interrompeu Mário.

— Que o volume de um cubo é calculado da seguinte forma:

$$V = comprimento \times largura \times altura$$

E ele continuou:
— Que neste caso é:

$$V = 2\,cm \times 2\,cm \times 2\,cm$$
$$ou$$
$$V = 8\,cm^3$$

— É isso aí, galera, na prática a gente entende melhor as coisas — festejou Mário.

E, para comemorar, Marcelo sugeriu que fossem à lanchonete saborear um irresistível hamburgão e descansar um pouco, sugestão imediatamente aceita por todos.

Após o lanche, ficaram num bate-papo animado, e Mário comentou:

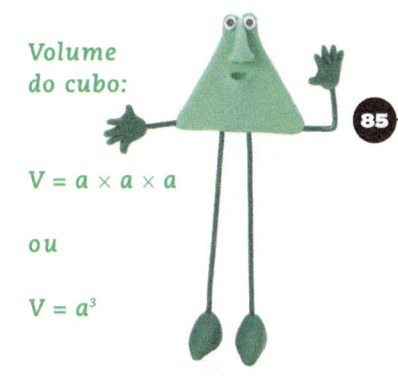

— Eu estava no terraço do refeitório depois do café da manhã, quando vi alguns funcionários descarregando uma enorme caixa-d'água. Eles disseram que ela seria colocada próxima às salas de aula para abastecer a escola de água potável. A caixa mais parecia um paralelepípedo gigante e media 3 metros de comprimento por 2 metros de largura e 2 metros de altura.

— Como você sabe as medidas da caixa? — perguntou Fernanda.

— Um funcionário mediu a caixa para conferir o pedido, e eu vi aqui do terraço.

— Se essa caixa for como eu estou pensando — comentou Marcelo —, essa forma em Geometria é chamada de paralelepípedo retângulo, porque todas as suas faces têm a forma de um retângulo.

Volume do cubo:

$$V = a \times a \times a$$
$$ou$$
$$V = a^3$$

— Gente, será que o volume de água que essa caixa armazena é suficiente para abastecer a escola? — indagou Fernanda.

— Epa! Ouvi falar em volume? — adiantou-se Mário. — Esse pode ser um bom problema de aplicação para o nosso trabalho. — E ele pegou seu caderno de anotações e desenhou:

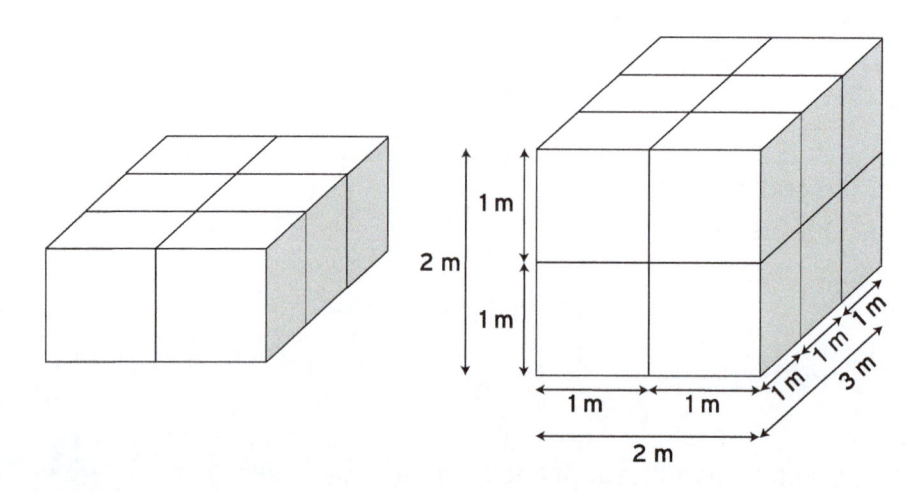

— Observem... Podemos fazer uma camada com duas fileiras de cubos, e cada fileira tem três cubos.

— Assim, na primeira camada teremos 2 × 3 = 6 cubos — acrescentou Marcelo.

E Mário continuou:

— Como nós temos duas camadas iguais, então o total de cubos será:

$$2 \times 3 \times 2 = 12 \text{ cubos}$$

— Como todos os cubos têm 1 m³ de volume, o volume da caixa-d'água será igual a 12 m³.

Fernanda, então, o interrompeu:

— Já entendi, no caso do paralelepípedo retângulo, o seu volume será o produto das medidas do comprimento pela largura e pela altura — e ela anotou:

$$\text{Volume} = \text{comprimento} \times \text{largura} \times \text{altura}$$

— É isso mesmo — aprovou Marcelo. — Se quiserem, já levo o material para passar no computador...

— É melhor a gente pensar um pouco... Precisamos ter certeza — propôs Beto, com sensatez.

— Eu tenho uma ideia melhor — interveio Fernanda. — Vamos levar para o seu Expedito dar uma olhada...

O volume de um paralelepípedo retângulo de comprimento a, largura b e altura c é dado por:

$V = a \times b \times c.$

— Boa ideia! — aplaudiu Marcelo. E, então, percebendo o retraimento de Mário, corrigiu: — Mas e o Mário? Ontem, ele já não pôde ir.

Só então a garota percebeu o jeito desanimado do companheiro. Um tanto encabulada pelo entusiasmo que demonstrou, ela se justificou:

— Ai, Mário, me desculpe... Fiquei tão entusiasmada com a resolução da questão que me esqueci de sua perna. Sei que é chato pra você ficar fora das provas e ainda não poder ir até a casa do velho Expedito...

— É... Talvez fosse melhor a gente não ir... — propôs Marcelo, sentindo-se culpado.

De repente, quando todos já pareciam aceitar a ideia, Beto os surpreendeu:

— Nós vamos à casa do seu Expedito... E o Mário vai também! Não está certo que ele fique sem conhecer a pessoa que mais ajudou a gente aqui, em Ibiraba.

— Eu não consigo imaginar como é que o Mário pode ir... Carro nem pensar; não temos dinheiro para isso...

— Preparem-se que eu volto em meia hora — prometeu Beto.

E, quarenta minutos depois, estava de volta com uma bicicleta, emprestada do zelador da escola.

— Aqui está a nossa condução, Mário. É só montar na garupa e esticar a perna.

O garoto mudou de ânimo na hora, e minutos depois estavam na casa do velho Expedito. O homem recebeu-os com a alegria de sempre. E elogiou-os pelo progresso conseguido desde o dia anterior.

— Está certo! Vocês acharam o caminho direitinho.

— Se o senhor não tivesse ajudado a gente com o cálculo da área, não dava para chegar ao volume, não — respondeu Marcelo.

— Pode ser... Mas a prática é importante. Vocês pensaram na caixa-d'água... Eu aprendi observando o caminhão de areia...

Os garotos estranharam, e o homem contou:

— Um dia, o engenheiro me pediu pra conferir se o caminhão tinha mesmo 5 metros cúbicos de areia... Eu fui lá ver e fiquei coçando a cabeça... Como é que ia saber quanto tinha no caminhão?

— E aí, seu Expedito? — perguntou Marcelo, curioso.

— Não teve jeito... Fui chamar o engenheiro e perguntei como eu podia saber se a carga estava certa... Nunca tinha medido nem sabia como medir areia...

— E ele? Ficou bravo?

— Ficou nada. Ele riu e disse que, se não podia medir a areia, podia medir a carroceria do caminhão...

Seu Expedito colocou a bandeja de metal com várias xícaras

sobre a mesa, sinal de que logo serviria um cafezinho como na véspera. Em seguida, colocou a água para ferver. E, então, retomou o assunto.

— O engenheiro tirou o metro do bolso e começou a medir. Comprimento da carroceria: 6 metros... largura: 3 metros... e altura: 0,60 metro...

$$V = 6 \text{ m} \times 3 \text{ m} \times 0{,}60 \text{ m} = 10{,}80 \text{ m}^3$$

Observando o desenho do caminhão e o cálculo que Beto tinha feito, Fernanda concluiu:

— O caminhão tinha 10,80 metros cúbicos de areia.

— Não tinha, não — contrariou o homem.

— Claro que tinha, seu Expedito. O caminhão não media 6 por 3 por 0,60 metros? — teimou Fernanda.

— Isso mesmo — confirmou ele.

Os garotos refizeram o cálculo e ficaram olhando para o homem. Como ele não se manifestasse, Beto começou a falar:

— Se as medidas da carroceria eram essas, tinha com certeza 10,80 metros cúbicos de areia.

— Não tinha! O caminhão estava carregado só até a metade... Por isso, eu não devia ter medido a altura da carroceria, mas a altura da areia.

— Então, o caminhão tinha... — Beto refez os cálculos.

$$V = 6 \text{ m} \times 3 \text{ m} \times 0{,}30 \text{ m} = 5{,}40 \text{ m}^3$$

— ... 5,40 m³ de areia.

— Isso mesmo — confirmou seu Expedito.

Os garotos tiveram de concordar com ele, e Mário, até então o mais desanimado, riu muito com a história.

15

A despedida

Depois que resolveram as questões de Matemática, os quatro amigos se sentiam bem mais tranquilos. Tiraram um dia para conhecer melhor a região e o imenso lago alimentado pelo rio São Francisco. Ficaram espantados com a variedade da fauna, da flora e de produtos que os agricultores produziam, agora, numa terra que sem o lago seria árida.

— Nunca pensei que aqui neste sertão se produzisse uva, tomate, melão... — admirou-se Fernanda.

— Isso tudo é uma dádiva do rio — comentou seu Expedito. — Esse rio, que afogou as velhas cidades, salvou o povo.

— Que bom, seu Expedito. Mas a gente veio para convidar o senhor... Amanhã cedo, o Marcelo vai competir na natação e, à tarde, o Beto compete no basquete. E, além disso, no fim do dia, vamos saber o que o professor Graziani achou do nosso trabalho...

Como o velho parecesse indeciso, Beto insistiu:

— A gente gostaria que o senhor fosse assistir aos jogos... Primeiro, porque nos ajudou no projeto de Matemática... E, principalmente, porque, se não puder ir, vamos ter de nos despedir agora... Não vamos ter tempo de voltar aqui, amanhã, depois das provas...

— Nós vamos nos despedir amanhã...

— O senhor vai? — alegrou-se Beto.

— Vou! Já que comecei, vou até o fim.
— Então, a gente se vê amanhã.

O dia seguinte, infelizmente, não começou bem. Marcelo se classificou nas eliminatórias, mas não conseguiu chegar entre os três primeiros colocados na prova oficial.
— Desta vez, não deu.
— Fica pra outra! O importante é competir...
— Obrigado, Beto, mas eu preferia ter vencido a prova.
— Calma... Ainda tem muito tempo — brincou Fernanda.
— É, eu sei, mas...
— Vai ter outras chances — encorajou Beto.
À tarde, seu Expedito chegou, se desculpando:
— Queria ter vindo logo cedo, mas não deu... Precisei dar uma saída de barco, levar um pessoal até a cidade vizinha... Mas o menino sabe que o importante é competir, não sabe?
— Sei, seu Expedito — concordou Marcelo.
— Fica pra outra vez.
— É isso.
E Beto não se saiu melhor na final de basquete. Esteve muito próximo de vencer. O time paulista passou à frente por várias vezes, e Beto, mais uma vez, conquistou o título de cestinha, marcando metade dos pontos da sua equipe, que acabou derrotada por uma cesta de diferença.
— Perder assim não dá desgosto, não — comentou seu Expedito. — Antes do fim do jogo, ninguém sabia quem ia ganhar. Os dois times jogaram muito bem.
— O seu Expedito disse tudo — concordou Fernanda. — Perder do jeito que vocês perderam, brigando pelo ponto até o último segundo, não é para lamentar.
— Fernanda, estivemos tão perto da medalha... Cheguei a pensar que já era minha...
— Ainda existe uma chance...
— Chance? Que chance? Quem ganhou, ganhou; quem não ganhou só no ano que vem!

Fernanda percebeu que o garoto estava chateado e decidiu deixá-lo um pouco só com seus pensamentos. E, à noite, vestiram suas melhores roupas e foram para a solenidade de despedidas. Cantaram o Hino Nacional, ouviram o discurso do organizador e assistiram à entrega das medalhas, com uma certa frustração, por não estarem entre os premiados.

Então, já no final da noite, quando anunciavam a entrega de prêmios e medalhas para os grupos vencedores de projeto por matérias, tiveram a maior surpresa daquela longa semana. Foi preciso que o professor Graziani repetisse para que entendessem que não havia enganos. O trabalho de Matemática da equipe de São Paulo tinha sido considerado o melhor.

— Para receber as medalhas referentes ao Grupo de Estudos de Matemática, chamamos os representantes do estado de São Paulo... Fernanda Queirós, da cidade de Franca; Carlos Alberto Berti, de São Paulo, capital; Mário Kawai, de Presidente Prudente; e Marcelo Belotto, de São Carlos... A todos eles, os nossos parabéns...

— Quem vai receber?

— Vai lá você, Fernanda — sugeriu Beto.

— Você é quem devia ir...

— Eu?

— Vai o Mário! — lembrou Marcelo.

— Eu estou mancando.

Os quatro continuavam sem saber o que fazer, quando o professor Graziani decidiu:

— Como eles estão brigando para decidir quem vai receber o prêmio, eu vou chamar os quatro... Podem vir: Beto, Marcelo, Fernanda e Mário...

Após uma ligeira hesitação, empurraram Fernanda para frente, e a seguiram, com os aplausos entusiasmados dos demais participantes.

— Lembra-se de quando eu disse que ainda existia uma chance de medalha? — falou Fernanda.

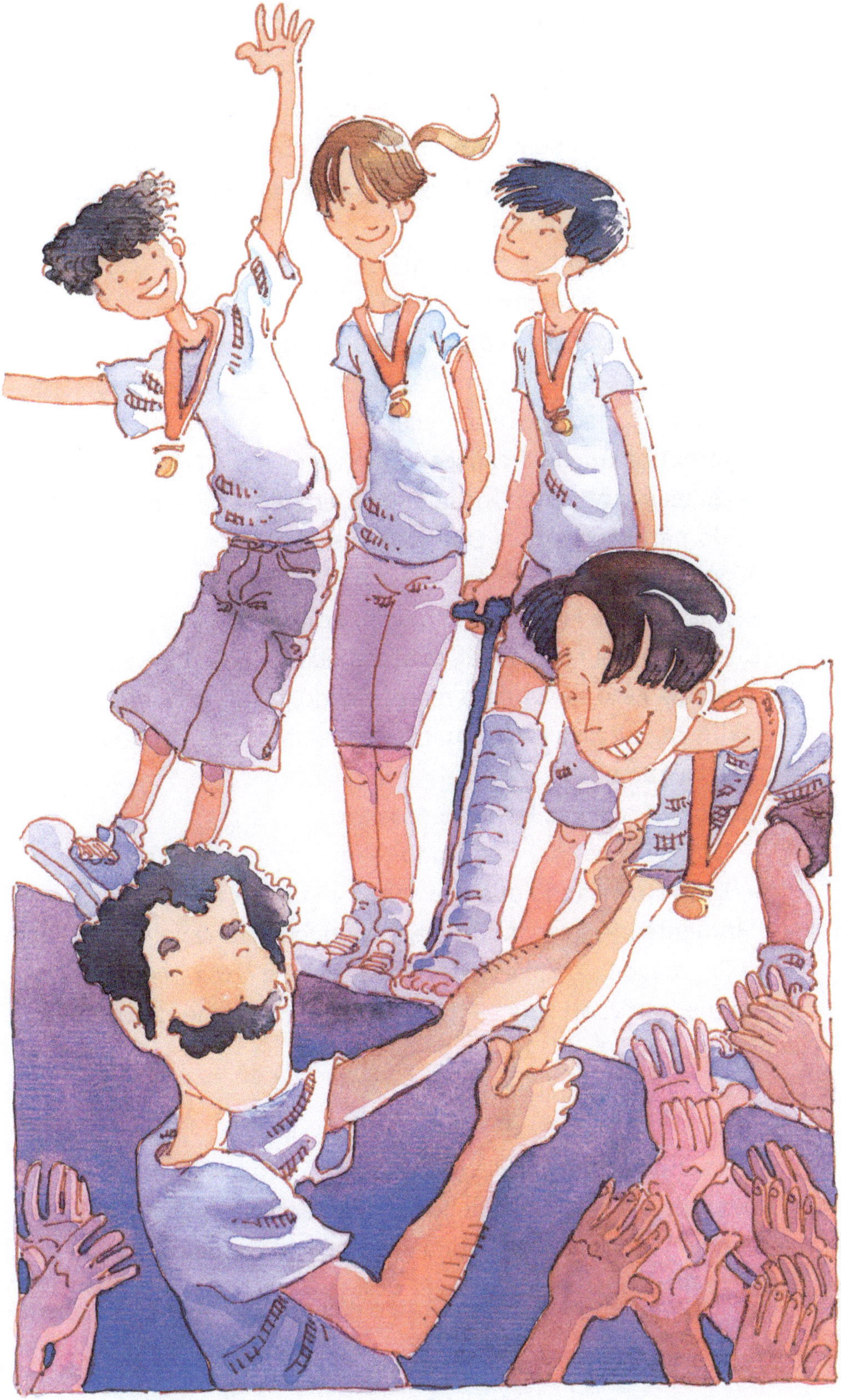

— Você falou? Quando? — estranhou Beto.

— Você estava tão chateado que não deve ter ouvido mesmo. Provavelmente, só pensou na possibilidade de levar uma medalha pelo basquete e não conseguiu... Mas vai levar uma medalha de ouro pela Matemática.

— Essa ninguém vai acreditar!

— Você está se menosprezando...

— Menosprezando nada! Os meus amigos vão achar que eu ganhei essa medalha à custa de alguém... Quer dizer, vão achar que eu não fiz nada para merecer...

A garota balançou a cabeça e falou:

— Se eles duvidarem, desafie-os a encontrar a área do triângulo, do paralelogramo... Ou o volume de uma caixa-d'água, da carroceria de um caminhão...

— Boa ideia! É isso mesmo que eu vou fazer.

De volta aos seus lugares, com a medalha de ouro pendurada no pescoço, Beto se sentia o mais feliz do grupo. Para ele, aquela medalha significava tanto quanto a que pretendia conquistar jogando basquete.

Mário, por sua vez, estava pensativo.

— No que você está pensando? — perguntou-lhe Fernanda.

— Estava pensando que vou sentir a sua falta, quando chegar em Prudente... — respondeu ele, um pouco sem jeito.

— Engraçado... Estava pensando a mesma coisa... — disse ela, ligeiramente ruborizada. — Não se esqueça de me deixar o seu telefone, *e-mail*...

— Imagine se eu ia esquecer!

Na manhã seguinte, assim que acordaram, trocaram endereço, telefone e *e-mail*. Logo depois, chegaram os ônibus que os levariam até Salvador. E a partida aconteceu cercada de muita alegria. Uma grande festa!

Você sabia que a forma dos objetos dá a eles uma função definida?

O que você acha de uma bicicleta de rodas quadradas?

Vire a página e veja como a Matemática está presente na nossa vida diária.

mini Almanaque
sobre perímetros, áreas e volumes

História
A origem do conhecimento matemático

PERÍODO NEOLÍTICO

Os índios das Américas, antes da chegada dos europeus, já usavam medidas. Eles precisavam medir o chão para marcar o lugar e o tamanho da oca, a distância entre as ocas, o tamanho da porta, o tamanho da rede etc. Nas plantações, precisavam semear deixando as distâncias convenientes. Para isso usavam passos, palmos, dedos e outras partes do corpo como referências de medida.

DA PRÉ-HISTÓRIA AOS NOSSOS DIAS

Fatos semelhantes ocorreram na nossa Pré-história. E, com esses conhecimentos, entramos no chamado Período Histórico. Com o surgimento das cidades, a Geometria cresceu muito, acompanhando as novas exigências de projetos para as construções. Já na Antiguidade, a sociedade ficou muito mais complexa, exigindo que a Geometria e o sistema de medida ficassem muito mais sofisticados para as construções de palácios, barcos, móveis, portos, irrigação de lavouras etc.

Atualmente, se dermos uma rápida olhada à nossa volta, veremos por toda parte objetos industrializados com medidas muito exatas, cuja função é dada por sua forma. Uma das nossas tarefas é dar forma à matéria-prima, atribuindo-lhe utilidade. E essa forma deve funcionar.

O que você observa de estranho nestes objetos?

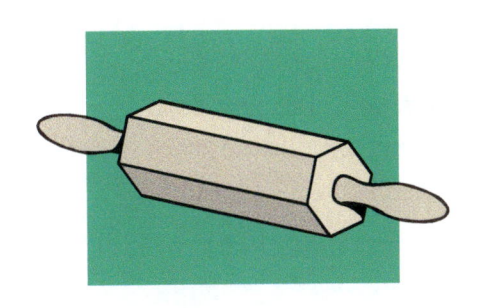

Curiosidades
Informações curiosas e divertidas

Por que temos dois olhos?

Faça a seguinte experiência: segure um lápis com a ponta para cima. Feche um olho e tente descer a ponta do dedo sobre a ponta do lápis.

Se você observar a ponta do lápis com os dois olhos, acertará e descerá direitinho a ponta do seu dedo sobre a ponta do lápis. Mas, com um olho só, você errará. A noção de distância necessita da chamada visão binocular.

Compasso

Com esse instrumento, podemos fazer um risco do mesmo comprimento de outro sem calcular medidas, apenas tomando uma referência.

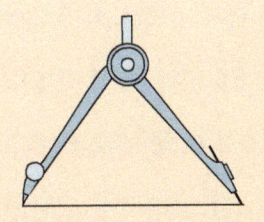

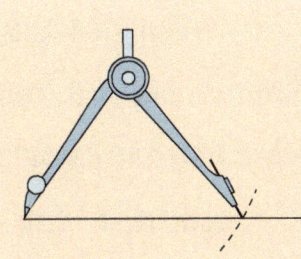

Linha quebrada

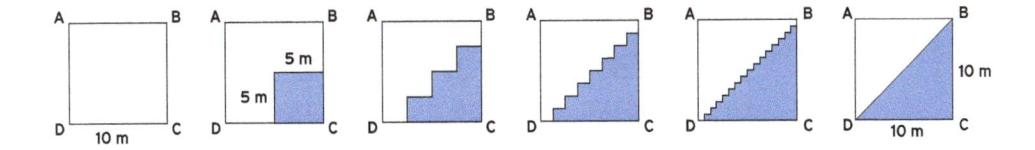

a) Um terreno tem 10 metros de cada lado. Para você andar de um canto até outro, ou seja, de D a B, beirando a parede, andará 10 m + 10 m, num total de 20 metros.

b) Uma casa de 5 metros por 5 metros foi construída no canto do terreno. Neste caso, para ir de um canto a outro, você terá de andar 5 m + 5 m + 5 m + 5 m, que dá o mesmo total de 20 metros.

c) Mas, novas construções fazem você andar 2,5 m + 2,5 m + 2,5 m + 2,5 m + + 2,5 m + 2,5 m + 2,5 m + 2,5 m, sempre com o mesmo total de 20 metros. E a "escadinha" pode aumentar sem parar, resultando sempre num total de 20 metros. Não parece estranho?

Dia a dia
Matemática na prática

O nosso dia a dia está repleto de situações que exigem medidas: pesar as compras, saber a temperatura, distâncias, tempo etc. Mesmo não calculando a medida, precisamos ter noção de quantidade. Essa noção nos é dada pelo treino com as medidas.

Uma questão de sobrevivência

Os predadores precisam da noção de distância para dar botes. Por isso, geralmente, eles possuem os dois olhos na frente. A presa, ao contrário, possui cada olho em uma parte lateral da cabeça.

Dos animais abaixo, quais são predadores e quais são presas?

Distância entre cidades

Se você pesquisar em um atlas geográfico, descobrirá que a distância entre Belém do Pará e Quito, no Equador, é de cerca de 3 340 quilômetros. Na verdade, essa distância é sobre a superfície terrestre, portanto, em curva. Em linha reta, como em um "túnel", a distância é um pouco menor, ou seja, 3 304 quilômetros.

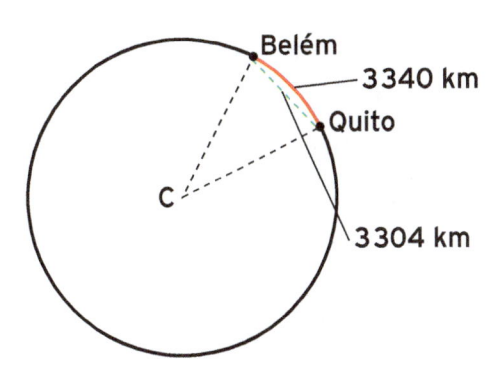

Medindo objetos cilíndricos

Para medir um objeto cilíndrico, faça um risco reto com giz ao longo dele. Ao rolar, ele deixará no chão marcas do giz em intervalos regulares. A distância entre dois riscos consecutivos é o perímetro da base do cilindro.

Jogos e desafios

Teste seus conhecimentos

Essa dá pra resolver de olhos fechados.

1 Uma destas oito latas de conserva é mais leve do que as outras. Como encontrá-la com apenas duas pesagens em uma balança de pratos?

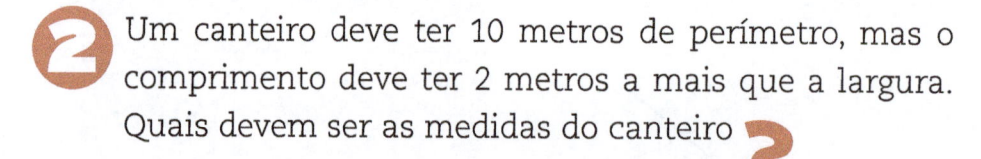

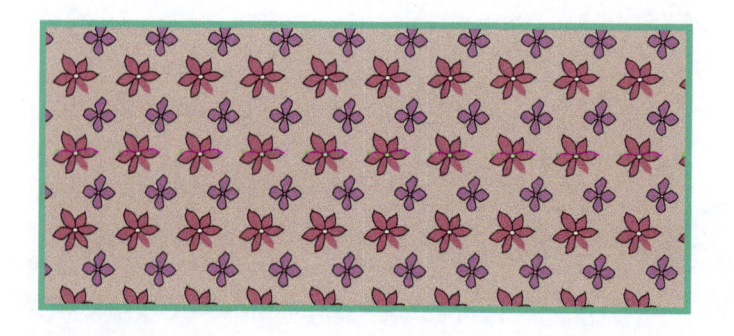

2 Um canteiro deve ter 10 metros de perímetro, mas o comprimento deve ter 2 metros a mais que a largura. Quais devem ser as medidas do canteiro?

3 Este caminhão vai levar uma carga valiosa para o Sul do país. Cada caixa mede 80 cm de comprimento por 70 cm de largura e 45 cm de altura. Quais as medidas, em metros, da carga do caminhão antes de ser amarrada e coberta com lona?

Respostas:
Dia a dia
● Presas: pato e zebra
Jogos e desafios
1) Coloque 3 latas em cada prato da balança. Se os pratos ficarem no mesmo nível é porque as 3 latas têm o mesmo peso, e a lata mais leve está entre as outras duas. Com a segunda pesagem, você encontra a mais leve. Se o peso for diferente, o prato com a lata mais leve fica em cima. Então, pegue essas 3 latas do prato mais leve, coloque uma lata em cada prato e deixe a outra de lado. Se o peso for igual, a lata mais leve ficou fora do prato. Se o peso for diferente, você já encontrou a resposta.
2) Dois lados medirão 5 m, tirando 2 m do lado maior, ficarão 3 m para dois lados iguais. Assim, o lado menor medirá 1,5 m e o maior 3,5 m.
3) Comprimento: 8 × 80 cm = 6,40 m; largura: 4 × 70 cm = 2,80 m; altura: 6 × 45 cm = 2,70 m.